사례로 알아보는
돈 버는 부동산 경매

사례로 알아보는
돈 버는 부동산 경매

초판 1쇄 인쇄 2024년 10월 14일
초판 1쇄 발행 2024년 10월 21일

지은이 주희진
펴낸이 이종두
펴낸곳 (주)새로운 제안

책임편집 엄진영
디자인 보통스튜디오
영업 문성빈, 김남권, 조용훈
경영지원 이정민, 김효선

주소 경기도 부천시 조마루로385번길 122 삼보테크노타워 2002호
홈페이지 www.jean.co.kr
쇼핑몰 www.baek2.kr(백두도서쇼핑몰)
SNS 인스타그램(@newjeanbook), 페이스북(@srwjean)
이메일 newjeanbook@naver.com
전화 032) 719-8041
팩스 032) 719-8042
등록 2005년 12월 22일 제386-3010000251002005000320호

ISBN 978-89-5533-659-7 13320

※이 책은 저작권법에 따라 보호를 받는 저작물이므로 무단 전제 및 복제를 금하며, 이 책의 전부 또는 일부 내용을 이용하려면 반드시 저작권자와 ㈜새로운 제안의 동의를 받아야 합니다.
※잘못 만들어진 책은 구입하신 서점에서 바꾸어드립니다.
※책값은 뒤표지에 있습니다.

특수 물건 경매 전문 변호사의 경매 비법

사례로 알아보는
돈 버는 부동산 경매

주희진 지음

새로운 제안

머리말

경매 전문 변호사로 10년 넘게 일하며 많은 특수물건 소송을 진행했습니다. 여러 소송 사례가 쌓이며, 특수물건 투자에 성공한 의뢰인들은 어떻게 물건을 선정했는지 궁금해 지난 사례를 연구하기 시작했습니다. 모든 특수물건 사건이 성공한 것은 아니기에 실패한 사례도 분석했죠. 이러한 분석들이 쌓여 소송 업무와 함께 강의도 하게 되었고, 다듬어진 강의안은 이 책의 밑거름이 되었습니다.

특수물건 투자에 성공한 분들은 크게 두 부류로 나뉩니다. 잘 몰라서 용감하게 도전해 성공하신 분들도 있고, 변호사인 저만큼이나 특수물건에 한해서는 다양한 지식을 가지고 있어 소송을 진행하는 동안 비교적 차분하게 대응하며 인내의 시간에 달콤한 보상을 받는 분들도 있습니다. 후자의 경우, 한 번의 투자로 끝나지 않고 다른 유형의 특수물건에 또 도전하며 일반물건 경매로는 도저히 얻기 힘든 수익을 하나의 물건으로 척척 얻습니다.

변호사란 직업은 본디 의뢰인의 손해를 최소화하는데 더 주의를 기울여야 한다고 생각합니다. 이 책은 이런 내용을 알면 특수물건으로 큰 돈을 벌 수 있다 뿐만 아니라 이런 내용을 모르면 특수물건 투자에 낭패를 볼 수 있다는 내용도 담기 위해 노력했습니다.

너무 오래되어 익숙한 대법원 판례는 지면 낭비에 불과하니 굳이 책에 담지 않았지만, 오래되었더라도 독자들이 반드시 알고 넘어갔으면 하는 판례는 곳곳에 채워 넣었습니다. 또한, 비교적 최근에 등장해 특수물건 투자에 도움이 될만한 판례도 소개해 두었습니다. 이론은 있으나 실무에서 거의 사용되지 않는 논리들은 이 책에서 깊게 다루지 않았습니다. 성공사례라 하더라도 그 사례만의 특수성이 너무나 강하여 일반적이지 않은 사례 또한 소개하지 않았습니다.

법은 숫자로 표현되지는 않지만, 수학이나 과학만큼 논리적이고 체계적입니다. 특수물건 투자가 대단히 복잡하고 난해할 것이라는 선입견이 있을 수 있는데, 특수물건 투자에서 알고 있어야 하는 법 지식은 낯선 용어 몇 가지만 이해하면 그 용어로부터 가지를 뻗어 어렵지 않게 필요한 지식 전반을 습득할 수 있습니다. 여러분의 이해를 돕기 위해 법률 용어는 최대한 쉬운 말로 풀어 단계적으로 각 주제에 접근했습니다.

이 책을 선택한 독자는 일반물건 경매 이상의 수익을 얻고 싶은 분일 겁니다. 이미 경매 절차 전반의 흐름을 잘 알고 있는 분이라면 바로 이 책을 읽으셔도 좋지만, 아직 입찰의 경험이 많지 않아 경매 절차 흐름이 낯선 분이라면 한두 권의 기본서를 읽은 뒤 이 책을 펼쳐보길 권합니다.

책에 나온 이론들은 결국 실전으로 이어져야 수익으로 창출됩니다. 몇십 권의 책을 읽었더라도 실전 물건에 대입해야 온전한 지식이 되며, 여러분만의 물건을 발견하는 힘도 기를 수 있습니다. 사례에서 소개하는 성공한 의뢰인이 어떤 내용으로 추리해 물건을 골랐는지, 어떤 정보를 더 주의 깊게 보았는지 눈여겨보시며 이 책과 함께 경매로 나온 물건들을 검색하는 습관을 함께 들이시기 바랍니다.

오랜 세월 경매 사건을 다루며 경매 전문변호사로 성장할 기회를 주신 법무법인 열린의 정충진 대표 변호사님께 감사드리며, 변호사 일에 집중할 수 있도록 지원을 아끼시지 않는 친정 부모님과 시댁 부모님, 언제나 사랑 가득한 말로 기운을 북돋아 주는 든든한 남편, 존재 그 자체로 한없는 행복인 아들, 함께 일하는 법무법인 윈스의 변호사님들과 직원들에게도 감사의 인사를 전합니다.

마지막으로 전작 물어보기 부끄러워 묻지 못한 부동산 경매에 이어 새로운 책까지 출간할 수 있는 기회를 주신 출판사 새로운 제안에 감사의 인사를 전하며, 이 책이 여러분의 특수물건 투자에 작은 길잡이가 될 수 있기를 바랍니다.

2024. 9.
주희진 변호사 드림

차례

머리말   4

PART 1   특수물건의 꽃, 유치권   15

CHAPTER 1   유치권, 어떤 권리인가?   16

신고된 공사대금 떠안지 않고 수익 내는 사람들 | 유치권자가 하고 싶은 말 | 만인에게 외치는 권리 | 못 받은 돈 때문에 생긴 권리 | 간단하게 생기는 강력한 권리 | 유치권자에게 인정되지 않는 우선변제권 | 갑작스러운 유치권 행사, 낙찰 무르는 방법

CHAPTER 2   유치권, 어떻게 하면 생기나?   28

유치권 행사 대상 | 부동산에 투입된 '못 받은 돈' | 돈 달라고 할 수 있는 시기 | 남의 부동산에 행사하는 권리 | 미리 포기하면 끝

CHAPTER 3   점유해야 생기는 유치권   36

전 집주인도 유치권 행사할 수 있을까? | 유치권 성립을 어렵게 하는 불법점유 | 일단 의심해야 하는 제3자 있는 부동산 | 유치권자라도 공짜로 쓸 수 없는 부동산 | 법원 경고를 무시한 유치권자의 최후 | 중간에 점유를 잃은 유치권자 | 유치권이 있어도 "나가!"라고 할 수 있는 사람

CHAPTER 4   못 받은 돈이 있어야 생기는 유치권   54

점유보다 중요한 '못 받은 돈' | 어디에 투입된 못 받은 돈인가? | 건물 지은 사람의 토지 유치권 행사 | 짓다 만 건물의 못 받은 공사비 | 자칫하면 못 돌려받는 오래된 공사대금 | '이 때'까지 생겨야 하는 받을 돈

CHAPTER 5 **소유자 아닌 관리인, 유치권자** 69

소유자가 아닌 유치권자 | 허락을 받아야 쓸 수 있는 유치물 | 소유자 허락 없이 쓰면 소멸하는 유치권 | 유치권 소멸을 청구할 수 있는 사람

CHAPTER 6 **착각하기 쉬운 유치권의 특징** 77

쪼개지지 않는 권리, 유치권 | 부동산 일부의 문제, 유치권 전부 소멸시킬까? | 공사대금 n분의 1, 언제 할 수 있을까? | 한 건물, 여러 업체가 유치권 행사하는 이유 | 공사업자 여럿이 유치권 행사, 협상은 이렇게!

CHAPTER 7 **유치권 신고된 부동산, 특수물건으로 수익 내기** 92

수익을 만드는 체계적 임장 | 점유 | 못 받은 돈

성공 사례 104

사례1 고급빌라 한 채로 20억 원 이상의 수익 | 사례2 시세보다 10억 원 저렴하게 산 서울의 목 좋은 호텔 | 사례3 문서 하나로 사라진 7억 원의 유치권 | 사례4 유치권을 깨트린 임차인의 권리신고서 | 사례5 다른 공사장에서 발생한 공사대금을 주장한 유치권자 | 사례6 오래된 공사현장만 지키고 있었던 유치권자 | 사례7 산양산삼대금을 달라는 유치권자 | 사례8 엉터리로 계산된 공사대금 때문에 날라간 유치권 | 사례9 엉뚱한 상대방을 고른 유치권자

PART 2 소유권 뺏어가는 선순위 가등기   135

선순위 가등기의 경고 | 선순위 가등기 물건 해결법 | 가등기, 왜 하는 걸까? | 가등기의 힘 | 경매 절차상 가등기 취급 | 경매가 끝나면 지워질 빚쟁이의 가등기 | 오래된 가등기 | 다른 듯 비슷한 선순위 가처분 등기

성공 사례   157

[사례1] 거짓으로 설정한 가등기 | [사례2] 알고 보니 지워져야 할 빚쟁이의 가등기 | [사례3] 자기가 산 부동산에 가등기 해둔 사람 | [사례4] 오래된 가등기임을 밝히다

PART 3 소액 투자로 접근하는 지분경매   169

지분 투자법 | 지분 소유, 어디가 내 땅일까? | 공유자 혼자 할 수 있는 일, 할 수 없는 일 | 공유관계를 끝내고 싶을 때 | 경매 나온 지분, 먼저 살 수 있는 사람 | 소송이 필수는 아닌 공유지분 투자

성공 사례   184

[사례1] 상대를 알고 낙찰 받은 토지 지분 | [사례2] 선순위 가등기 + 지분 부동산, 투자금 3배 수익으로 돌아왔다!

PART 4　건물주가 땅 쓰는 권리, 법정지상권　197

CHAPTER 1　법정지상권, 알아야 하는 이유　198
땅과 건물이 따로 나오는 경매 | 땅 쓸 권리가 필요한 건물주 | 법정지상권 유무와 땅의 가치 | 초보자들에게 권하는 법정지상권 기초 사례

CHAPTER 2　법정지상권이란?　203
지상권자의 힘 | 지상권이 생기는 근거 | 법정지상권 수익 창출법 | 법정지상권의 종류 | 법정지상권자가 내야 하는 땅세

CHAPTER 3　민법 366조 법정지상권 발생 조건　210
가장 앞서는 저당권 설정 시점에 있어야 하는 '건물' | 이런 건물에도 법정지상권 생길까? | 저당권 설정 시, 건물과 토지의 소유자가 같을 것 | 저당권자가 신청한 경매로 토지와 건물의 소유자가 달라질 것 | 마음대로 포기 못 하는 민법 제366조 법정지상권

CHAPTER 4　관습법상 법정지상권 발생 조건　223
토지와 건물이 '이 때' 같은 사람 소유일 것 | 강제경매로 토지와 건물의 소유자가 달라질 것 | 포기할 수 있는 관습법상 법정지상권

CHAPTER 5　땅 주인이 '새로 지은 건물', 법정지상권 어떻게 생길까?　228
새 건물이 헌 건물 취급 받아야 하는 때 | 새 건물을 빚쟁이에게 추가 담보로 줘야 하는 때

CHAPTER 6　부동산 공유자가 바뀌면 생기는 법정지상권　235

공유물에 법정지상권이 문제되는 때 | 공유토지에 있는 공유자 1인의 건물 | 단독 소유토지에 있는 공유건물 | 무늬만 공유, 실제는 단독 소유인 토지와 건물

CHAPTER 7 낙찰 받은 토지의 나무들　　244
나무들이 당연히 내 것일 때 | 내 거 아닌 나무들 해결 방법

성공 사례　　249

사례1 법정지상권에 꽂힌 의뢰인, 새 건물을 헐값에 사다! | 사례2 건축주라 해도 건물 소유자가 아닐 수 있다. | 사례3 대표의 재산이 될 수 없는 법인(회사)의 재산 | 사례4 하나가 될 수 없는 가족과 가족회사

PART 5 해결 방법을 알면 수익이 보이는 물건들　　260

CHAPTER 1 농지 낙찰을 위해 필요한 농지취득자격증명원　　262
농지취득자격증명원이 필요한 이유 | 어디가 농지인가? | 농지취득자격증명원을 내지 못하면? | 도로로 사용 중인 농지

CHAPTER 2 공사 중단된 부동산의 건축허가권　　267
건축허가 취소가 필요한 이유 | 공사가 중단된 건물에 관하여 알아봐야 할 부분들 | 건축허가 취소시키는 방법

CHAPTER 3 낙찰 받은 맹지, 제대로 쓰려면　　275
주위토지통행권 | 시설권 확인

CHAPTER 4 **상가 건물의 핵심, 영업 지위 승계** 280

영업자 지위가 저절로 따라오는 때 | 낙찰 받은 모텔, 영업자 지위 승계는 이렇게

CHAPTER 5 **낙찰 후 갑작스런 소유자의 개인회생신청** 288

CHAPTER 6 **공짜로 대지권 취득하는 때** 292

왜 대지권이 미등기 된 걸까? | 미납 분양대금이 있음에도 대지권 등기를 할 수 있는 때

CHAPTER 7 **보증금 떠안지 않는 임차인 있는 물건 찾기**

300

보증금 떠안지 않고 수익 내는 사람들 | 임대차보증금 진짜 주고받았나? | 임대차 계약을 할 수 없는 임대인 | 망하기 직전 집주인 | 이상한 임대차보증금 | 무상거주확인서를 써 준 임차인

PART **1**

특수물건의 꽃, 유치권

CHAPTER
1

유치권, 어떤 권리인가?

신고된 공사대금 떠안지 않고 수익 내는 사람들

유치권은 간단한 요건으로 만들어지는 강력한 권리다. 주장되는 공사대금은 적게는 몇백만 원 많게는 몇십억 원이다. 돈을 받지 못해 유치권을 신고하는 사람들도 있지만, 개중에는 공사대금을 부풀리거나 아예 공사한 적도 없는 사람이 유치권을 신고하는 때도 있다.

내막을 알 수 없는 응찰자는 공사대금을 떠안을 걸 각오하고 응찰해야 한다. 10억 원짜리 토지에 5억 원의 유치권 신고가 있다. 소송이나 협상 과정에 드는 비용을 고려해 최종적으로 4억 5천만 원에 토지를 낙찰 받았다고 해보자. 유치권 협상이나 소송이 성공해 공사대금을 떠안지 않게 되면 시세 10억 원의 토지를 4억 5천만 원에 사게 된 것이다. 그 사이에 시세차익까지 얹어지면 큰 수익이 발생한다.

유치권자가 하고 싶은 말

경매를 접해보지 않았더라도 '유치권'이라는 단어는 어디선가 들어본 경험이 있을 것이다. 중단된 공사 현장에 빨간색 페인트로 '유치권 행사 중'이라는 글씨가 쓰여 있다. 어떤 공사 현장은 꽤 오랜 시간 방치되어 있어 건물 철골구조만 고스란히 드러나 으스스한 분위기마저 풍긴다.

경매 절차에서 유치권은 한 대사로 정리해볼 수 있다. 유치권을 주장하는 사람은 만인에게 이렇게 말하고 있다. "이 건물(토지)에 들인 돈 받을 때까지, 나는 이곳에서 못 나갑니다!."

고수의 팁

공사대금 갚을 "의무"는 누구에게?

유치권이 신고된 물건을 낙찰 받은 사람은 유치권자가 공사대금을 다 받을 때까지 자신의 물건을 마음대로 쓸 수 없다. 대항력 있는 임차인이 있는 물건을 낙찰 받은 낙찰자와 다르게, 유치권자가 주장하는 못 받은 공사대금을 낙찰자가 줘야 할 '의무'가 발생하는 것은 아니다.

대항력 있는 임차인은 낙찰자를 상대로 임대차 보증금 반환청구 소송을 진행할 수 있지만, 유치권자 입장에서 새로운 낙찰자가 공사대금을 주지 않는다고 해서 낙찰자를 상대로 '공사대금청구소송'을 제기할 수 없다. 낙찰자가 유치권 신고된 물건을 낙찰 받는다 해서 공사계약의 채무자가 되는 건 아니기 때문이다.

다만, 유치권을 행사하는 부동산을 경매로 넣어 자신이 공사대금을 회수할 만한 상황이라면, 유치권자는 유치권에 의한 경매를 신청할 수 있다. 유치권에 의한 경매라 해도 유치권자는 '우선변제권'이 없어 다른 채권자들과 평등하게 배당 받아야 하는 사정은 변함이 없다. 유치권자 입장에서는 이러한 경매 신청이 별 매력이 없는 경우가 더 많다.

한편, 선순위 임차인이 있는 물건을 낙찰 받은 매수인은 임대차 계약의 임대인이 된다. 매수인이 임차인에게 보증금을 돌려줬다 하더라도 자신의 채무를 이행한 것에 불과해, 전 소유자한테 대신 돈을 내줬으니 돌려달라고 말할 수 없다.

그러나 낙찰 받은 부동산을 사용하지 않고 관상용으로 둘 사람은 어디에도 없을 것이다. 유치권자가 부동산에서 버틸 때, 가장 마음이 갑갑할 사람은 낙찰자이다.

유치권 있는 물건을 낙찰 받은 매수인은 채무자 대신에 유치권자에게 공사대금을 지급할 수 있다. 전 소유자 또는 공사계약상 채무자에게, '당신 대신

해서 준 돈'을 달라고 말할 수 있다. 이를 법적으로는 '구상권'을 행사한다고 표현한다.

법적으로 그렇다는 것이지, 집주인이 돈이 있었다면 자신의 물건을 경매로 넘어가게 하지도 않았을 것이다. 다만, 낙찰자는 어디까지나 전 소유자(채무자)를 대신해서 돈을 내줄 관계라는 점을 어필하여 전 소유자(채무자)에게 유치권자와 관련된 다양한 정보를 얻어내 볼 수 있다.

만인에게 외치는 권리

민법

제320조 유치권의 내용 ①타인의 물건 또는 유가증권을 점유한 자는 그 물건이나 유가증권에 관하여 생긴 채권이 변제기에 있는 경우에는 변제를 받을 때까지 그 물건 또는 유가증권을 유치할 권리가 있다.
②전항의 규정은 그 점유가 불법행위로 인한 경우에 적용하지 아니한다.

민법 제320조는 유치권의 내용에 대해서 위와 같이 설명하고 있다. 유치권자가 하고 싶은 말을 민법 제320조 제1항에 접목해 보면 다음과 같다. 이 건물·토지=타인의 물건에 들인 돈=물건에 관하여 생긴 채권 받을 때=변제받을 때까지 나는 이곳에서 못 나갑니다=유치.

길을 가는 누구를 붙잡고도 여기 내 권리가 있다고 외칠 수 있는 권리는 물권과 채권 중 무엇일까? 바로, 물권이다. 공사업자가 유치권을 행사한다면, 공사계약에 따라 공사대금을 달라고 할 수 있는 상대방은 오로지 공사계약상 채무자=건축주뿐이다. 채무자가 돈을 제때 주지 않아, 공사한 건물을 점유하면서 유치권을 행사한다면 소유자가 바뀐 후라도 또는 부동산에 권리를 가지고 있는 다른 이해관계인=근저당권자, 가압류권자 등 등에게 유치권을 행사하며 부동산의 인도를 거절할 수 있다.

유치권자는 '만인'에게 이야기하는 것이다! 진정한 유치권이 있는 사람에게 그 누구도 부동산에서 함부로 나가라 할 수 없다.

못 받은 돈 때문에 생긴 권리

유치권은 일정한 요건이 갖추어지면 법률상 당연히 성립하는 '법정담보물권'이다. '담보물권'은 '받을 돈'이 있어서 생긴 물권이라고 생각하면 된다.

간단하게 생기는 강력한 권리

받을 돈이 있을 때 성립하는 물권 중 여러분이 경매 절차에서도 가장 많이 접하는 권리는 무엇일까? 경매 신청 근거가 되기도 한다. 바로 임의경매를 신청할 수 있는 '근저당권'이다. 받을 돈 있다고 판결(지급명령 등)을 받아 신청하는 경매는 '강제경매'다. 임의경매는 법원에서 판결이라는 시간과 비용이 드는 절차 없이 바로 경매를 신청할 수 있다는 점이 특징이다.

아파트를 담보로 은행에서 대출받는다고 해보자. 일단, 대출계약서를 써야 한다. 은행이 고객에게 대출을 진행했다는 사실 하나로 등기소에 가서 바로 근저당권 설정등기를 할 수는 없다. 집주인과 근저당권 설정계약서를 작성해가야 등기소에서도 원인이 된

계약이 무엇인지 확인해 근저당권 설정등기를 해준다.

그런데 똑같이 받을 돈이 있어 권리를 행사하는 유치권은 아니다. 일단 등기가 필요 없다. 공사업자가 공사계약을 체결해 받을 돈이 있는데 받지 못하는 상황이 된다면, 유치권 설정계약서를 쓰지 않더라도 공사를 한 건물을 점유하기만 하면 곧바로 성립한다. 똑같이 받을 돈=피담보채권이 있어서 성립하는 '담보물권'인데 성립 절차는 유치권이 근저당권보다 훨씬 간단하다.

유치권자에게 인정되지 않는 우선변제권

근저당권이나 전세권경매신청 또는 배당요구한 경우은 경매 절차에서 '우선변제권'이 인정된다. 자신의 등기 순위에 따라 일정 범위의 돈을 다른 채권자 신경 안 쓰고 모두 받아 갈 수 있다.

그러나 유치권은 돈을 받을 때까지 부동산 인도를 거절할 수 있을 뿐 경매 절차상 우선변제권이 없다. 우선변제권이 없는 유치권자는 공사대금 판결이나 지급명령 등 배당 받을 수 있는 근거가 있더라도 일반채권자로서 안분 배당을 받아야 하니, 굳이 경매

절차에서 배당요구를 하는 일이 많지 않다. 대신 유치권자는 경매 절차상 새로운 매수인에게 자신이 못 받은 돈을 받을 때까지 부동산에서 나가지 않겠다고 버틸 수 있다.

매수인은 이 점을 고려해, 응찰가를 산정할 때 유치권 신고 금액을 시세에서 빼고 응찰가를 산정할 수밖에 없다. 부동산을 쓰지 않고 내버려 두기 위해 낙찰 받은 사람은 없으니, 낙찰자는 부동산을 사용하기 위해 유치권자에게 돈 주는 것을 사실상 강제당한다.

감정가 1억 원의 주택이 경매에 나왔다. 받을 돈이 3천만 원 있는 채권자가 근저당권을 설정한 이후, 못 받은 돈이 3천만 원이라는 공사업자가 유치권을 신고했다고 해보자.

이 집에 여러분이 응찰하고자 한다면 얼마가 적정 낙찰가일까? 향후 시세 상승 가능성을 믿고 1억 원에 낙찰받을 수도 있겠지만, 일단은 현재 시세 기준으로 유치권을 해결하기 위해 들어갈 돈인 3천만 원 정도를 뺀 다음 응찰가를 산정하게 될 것이다. 7천만 원에 주택이 낙찰되면, 최우선 변제되는 여러 비용을 고려한다고 하더라도 근저당권자는 무난하게 3천만 원을 배당받아 간다. 그런데 유치권자가 공사해서 못 받은 돈을 8천만 원으로 신고했고, 주택의 시세가 똑같이 1억 원이라면 2천만 원 이하로 응찰하고 싶을 것이다.

이때 문제는 먼저 근저당권을 설정해둔 은행이다. 매각대금이 2천만 원이라면 집행비용 등을 제외했을 때, 은행은 유치권자보다 먼저 근저당권을 설정해두었음에도 받을 돈 3천만 원 기준에서 2천만 원도 제대로 배당받지 못한다. 유치권자는 매수인을 상대로 돈을 줄 때까지 버티면 그만인데, 은행은 받을 돈도 다 회수하지 못한 상태에서 경매절차상 근저당권 설정등기도 말소당한다.

"시간에서 앞선 사람은 권리에서도 앞선다."라는 일반적 법의 원칙이 있다. 받을 돈이 있는 사람들도 등기 순서대로 경매에서는 줄 서서 돈을 받아 가야 하는데, 유치권은 이런 일반적 법 원칙의 예외에 해당한다. 이 때문에 유치권은 사실상의 '최우선변제권'이 있는 것이나 마찬가지라는 평가를 받는다.

경매 절차에서 유치권 신고는 부동산의 가치를 저감시키는 행위이기 때문에 경매에서 받을 돈이 있는 사람들은 유치권이 신고되는 일을 바짝 신경 쓸 수밖에 없다. 유치권 신고 금액이 많으면 많을수록 자신이 배당받을 몫이 줄어들기 때문이다.

특히, 앞선 사례의 선순위 근저당권자와 같이 유치권이 신고되면 자신이 배당받을 돈이 줄어드는 당사자는 유치권 배제신청서를 제출하거나 아예 경매정지를 신청하여 법원에 소를 제기하여 유치권이 없다는 판결문을 경매 절차에 제출한다.

매각물건명세서 비고란에는 유치권 신고와 함께 신청채권자나 이해관계인이 유치권 배제신청서를 제출한 사정이 기재되기도 한다. 유치권 배제신청서는 어디까지나 제출자의 '의견'일 뿐이다. 응찰하려 한다면 배제신청서를 낸 당사자와 접촉해 유치권이 성립하지 않는 사유를 무엇으로 보는지 정보를 취합해 봐야 한다. 유치권이 사실상의 최우선변제권을 가짐에도 등기는 물론 별도의 약정이 없더라도 비교적 쉽게 성립할 수 있다 보니, 경매 절차 내에서는 '허위의 유치권'이 신고되는 사례가 종종 발견된다.

갑작스러운 유치권 행사, 낙찰 무르는 방법

경매 소식을 안 유치권자라면 경매절차상 유치권 신고를 보통 하지만, 꼭 해야 할 의무가 있진 않다. 그러다 보니 경매 절차 진행 중 갑작스럽게 유치권이 신고되거나 낙찰자에 의해 부동산을 방문한 현장에서 발견되기도 한다.

경매 절차 단계별로 갑자기 유치권 신고가 있을 때 취할 수 있는 행동을 정리해보자. 최고가 매수신고인으로 불리고 매각허가결정 전이라면 매각 불허가 신청을, 매각허가결정 이후 확정 전이라면 이의신청 및 즉시항고를, 매각허가결정 확정 이후 대금 납부 전이라면 매각 허가 취소신청을 진행해 볼 수 있다.

CHAPTER
2

유치권, 어떻게 하면 생기나?

유치권 행사 대상

유치권을 행사할 수 있는 대상은 '물건과 유가증권'이다. 물건은 다시 동산과 부동산으로 나눠진다. 동산은 움직이는 재산, 부동산은 움직이지 못하는 재산 즉, 건물·토지가 이에 해당한다.

부동산에 투입된 '못 받은 돈'

유치권자가 주장하는 '받을 돈'이 유치권을 행사하는 물건에 관하여 생긴 것이어야 한다. 어려운 말로는 '견련성'이라고 표현한다. 부동산 경매에서 주장되는 대부분의 유치권은 공사업자 또는 임차인이 신고한 것이다.

견련성에 대해서 대법원 판례가 어떻게 표현하고 있는지 뒤에서 한 번 더 살펴본다. 일단은 '부동산을 만들어내는데 들어간 돈'으로 생각하면 충분하다.

돈 달라고 할 수 있는 시기

법적으로 돈을 달라고 말할 수 있는 때가 돼야 '받을 돈'이 있다고도 표현할 수 있다. 그러나 계약상 공사대금을 달라고 할 수 있는 시기가 아니라며 유치권 인정이 어렵다는 취지의 판결은 흔치 않다.

유치권을 행사하는 공사 현장을 보면 대부분 완공된 현장보다는 공사가 중단된 곳이다. 필자 경험상 법원에서 완공되지 않았으므로 공사업자가 받을 돈이 없다고 보기보다는, 공사 중단 시까지 공사업자가 들인 돈을 기준으로 유치권의 피담보채권이 발생했다고 보는 경향이 더 짙다.

남의 부동산에 행사하는 권리

유치권을 행사하는 대상은 내 물건이 아니라 남의 물건에 대한 것이다. '남의 물건'에 돈을 들였는데, 돈 줘야 하는 '남'이 돈을 주지 않는다고 해서 행사하는 것이 유치권이다.

전 소유자가 부동산에 들인 돈이 많다며 유치권을 행사한다면, 유치권이 성립할 수 있을까? 아니다. 전 소유자는 남의 물건이 아니라 자기 물건에 돈을 들였을 뿐이다. 남의 물건에 돈을 들여야 발생하는 유치권이 성립할 수 없다.

미리 포기하면 끝

포기 방식

유치권이 생기려면 유치권을 배제하는 법령 또는 계약상의 사유 또한 없어야 한다. 유치권을 행사하지 않기로 포기하는 특약이 있다면 아무리 부동산에 들인 돈이 있더라도 유치권을 행사할 수 없다.

유치권을 배제하는 계약상의 사유는 무엇이 있을까? 경매 절차에서 자주 만나볼 수 있는 서류로는 공사업자가 쓴 '유치권 포기 각서'와 임대차 계약상 '원상 복구 약정'이 있다.

공사업자의 유치권 포기각서

유치권자가 돈을 받아낼 수 있는 강력한 권리인 유치권을 포기하는 각서를 왜 쓰는 걸까? 공사업자가 공사 중인 부동산이 있다. 건축주가 공사업자에게 공사대금을 지급해야 하는데 돈을 마련할 길이 없다. 건축주는 공사가 곧 완료될 또는 완료된 부동산을 담보로 대출받아 공사대금을 지급하는 계획을 세워본다.

완공을 앞둔 부동산을 담보로 은행이 돈을 빌려주고 싶어도, 공사 중인 공사업자가 유치권을 행사하게 된다면 부동산의 담보 가치가 떨어질 게 걱정된다. 이 때, 은행은 공사업자에게 유치권 포기각서를 써달라 요청한다. 공사업자는 건축주가 대출받은 돈을 자신의 공사대금으로 줄 걸로 믿고 유치권 포기각서를 써준다.

다만, 실무상 아무런 조건 없이 '유치권을 포기하겠다.'라고 쓴 각서는 잘 보지 못했다. 대부분 특정한 조건 성취 시 유치권을 포기하겠다는 내용이 쓰여 있어, 유치권자를 상대로 한 소송에서 크게 득이 된 적은 많지 않다.

유치권이 염려되는 물건을 낙찰 받은 뒤, 경매기록을 열람해보니 유치권 배제신청서와 함께 아무 조건 없이 유치권을 포기하겠다는 각서가 나온 적이 있기도 했다. 유치권자를 상대로 한 '건물인도 명령'이 곧바로 받아들여져, 소송을 각오했던 물건을 낙찰 받은 뒤 몇 개월 되지 않아 인도받았다.

비록, 유치권자가 은행을 상대로 하여 유치권 포기각서를 썼다 하더라도 포기각서의 효력은 '대세적'이다. 만인에게 효력이 발생한다. 낙찰자도 포기각서의 내용을 들어 유치권자의 유치권은 존재하지 않는다고 지적할 수 있다.

유치권포기특약(각서)의 효력에 대한 판결

대법원 2018. 1. 24. 선고 2016다234043 판결 [유치권방해금지]

제한물권은 이해관계인의 이익을 부당하게 침해하지 않는 한 자유로이 포기할 수 있는 것이 원칙이다. 유치권은 채권자의 이익을 보호하기 위한 법정담보물권으로서, 당사자는 미리 유치권의 발생을 막는 특약을 할 수 있고 이러한 특약은 유효하다. 유치권 배제 특약이 있는 경우 다른 법정요건이 모두 충족되더라도 유치권은 발생하지 않는데, **특약에 따른 효력은 특약의 상대방뿐 아니라 그 밖의 사람도 주장할 수 있다.**

임차인의 원상복구약정

공사업자뿐만 아니라 부동산 경매 절차에서 자주 유치권을 신고하는 이해관계인이 있다. 다름 아닌 임차인이다. 경매에 나온 부동산을 분석해보면 대항력이 없고, 우선변제권으로 경매 절차에서 보증금을 돌려받기도 어려운 임차인이 임차한 물건에 들인 돈이 많다며 유치권을 신고하는 경우가 다수이다.

임차인이 임대차 목적물에 살면서, 고치지 않으면 사는 데 중대한 지장이 있어 돈을 들이는 때도 있고, 본인이 원하는 바가 있어 굳이 하지 않아도 사는 데 문제가 없는 공사예: 실내 장식 공사를 하는 일도 있다.

전자라면 돈을 들인 즉시 임대인에게 민법상 '필요비'를 달라고 할 수 있다. 후자의 경우는 임대인 기준으로도 부동산 가치가 객관적으로 올라갔다고 인정될 때, 임차인은 임대차 계약 종료 시 임대인에게 민법상 '유익비'가 발생했다며 들인 돈을 돌려달라 요구할 수 있다.

그러나 필요비든, 유익비든 임차인이 '원상 복구약정'을 하게 되면 임대인에게 요구하기 어렵다. 원상 복구약정은 임차인이 임대인에게 이사 들어간 때 그대로 임대차 계약이 종료될 때 돌려주겠다고 약속하는 것이다. 임대차 계약이 끝나면 이사 들어간 때 그대로 돌려준다고 약정해놨으니 임대차 기간 중 어떤 돈을 들여도 임대인에게 부동산에 지출한 돈을 달라고 할 수 없다는 개념이다.

원상 복구약정은 공인중개사들이 제공하는 임대차계약서 형식상 이미 기재된 상태일 때가 많다. 임차인이 집주인과 상의도 없이 부동산에 마음대로 큰 돈을 들이는 경우도 실질적으로 많지 않다 보니, 임차인의 유치권이 인정된 사례는 실무를 하면서도 만나기 쉽지 않았다.

CHAPTER
3

점유해야 생기는
유치권

전 집주인도 유치권 행사할 수 있을까?

앞서 살펴봤다. 유치권은 다른 사람의 물건에 대하여 점유하여 행사하는 권리이다. 내 물건에 돈 들이고 유치권을 행사하겠다는 것은 불가능하다.

유치권 성립을 어렵게 하는 불법점유

민법 제320조 제2항에서는 유치권을 주장하는 사람의 점유가 불법행위로 인한 것일 때는 유치권 발생이 어렵다고 규정한다.

보통은 공사를 진행하던 공사업자가 공사대금이 중간중간 제때 지급되지 않으면 공사를 중단하고 유치권을 행사한다. 공사를 하기 위해 점유하던 곳에서 유치권 행사를 시작하니, 불법적으로 점유를 하게 되는 경우는 흔치 않다.

공사업자에게 유치권은 강력한 권리를 부여한다. 공사업자가 공사대금을 받지도 않았는데 공사 현장을 떠나기란 쉽지 않다. 공사가 완료된 부동산을 집주인이 관리하도록 했음에도 공사대금이 지급되지 않는다면 공사업자로서는 공사대금에 해당하는 금액을 피담보채권으로 하여 근저당권 설정을 요구하거나, 담보 가등기를 해달라고도 할 수 있다. 그러나 집주인이 이에 순순히 응하지 않거나, 이미 다른 빚쟁이들이 등기를 다 해두었다면 공사업자로서는 유치권 행사가 절실해진다.

부동산 가압류결정을 받아두고 공사대금 소송을 제기하는 방안이 있지만, 경매로 넘긴다고 하더라도 우선변제적 효력이 없고 다른 채권자들과 안분해 배당금을 가져야 하니, 사실상의 최우선변제권 행사까지 가능한 유치권 행사에 비하면 좋은 방법은 아니다.

불법점유가 문제된 몇몇 하급심 판례 내용을 보면, 공사업자들은 하나 같이 공사 완료 후 소유자에게 부동산을 인도하였지만, 공사대금을 받지 못하였고, 소유자에 의해 비교적 허술하게 관리되고 있던 부동산을 임의로 들어가 유치권을 행사하기 시작했다.

잠금장치가 되어 있지 않아 몰래 들어갔다거나, 무작정 부동산에 침입하여 유치권 현수막을 건 일도 있었는데, 두 사례 모두 불법적인 점유개시에 해당한다는 사유로 유치권이 인정되지 않았다.

일단 의심해야 하는 제3자 있는 부동산

내가 해도 되고 남이 해도 되는 점유

점유의 방식은 '직접점유'와 '간접점유'로 나눠볼 수 있다. 직접점유는 그야말로 부동산에 어떤 사람이 직접 살거나 관리하는 형태의 점유를 뜻한다. 유치권자는 유치물을 직접 점유해도 되고 간접점유해도 된다.

제3자의 점유

① **채무자**_{소유자}

돈을 안 갚은 채무자더러 유치권자가 직접 점유하게 했다면 유치권은 성립할 수 없다. 유치권이란 것은 어디까지나 돈을 줘야 하는 사람에게 부동산을 사용하지 못하게 해서 돈 줄 것을 심리적으로 강제하는데 가장 중요한 효과가 있다. 돈 줄 의무가 있는 사람더러 부동산을 점유하도록 한다면 유치권의 본체적 효력은 사라진다.

② 임차인

간접점유는 직접점유자에게 부동산을 쓰라고 허락했지만, 일정 시점에 다시 자신이 점유할 수 있도록 부동산에 계속해 보이지 않는 손을 뻗고 있는 점유이다. 간접점유는 사용대차, 임대차 계약 등을 체결하면서 시작된다.

간접점유자의 대표적인 예가 임대인이다. 임대인은 임대차 계약을 체결하고 임차인을 임대 물건에 살도록 한다. 임차인은 계약 기간동안 임차 물건에서 살 권리가 있지만, 임대차 계약이 종료하면 임대인에게 돌려줘야 한다. 임대인은 임대차 종료 시점에 임차인에게 임대 물건을 돌려달라고 할 수 있는 권리가 있다.

임대인이 임대차 계약의 종료 시 임대 물건을 반환하라고 임차인에게 청구할 수 있는 권리를, '임대차 목적물 반환청구권'이 있다고 표현한다. 이렇게 부동산에 대한 인도반환 청구권을 가지고 있는 사람을 '간접점유자'라고 한다.

주의해야 할 것은 유치권자가 '계약'상 목적물 반환청구권을 행사할 권리가 있어야 한다는 부분이다. 임대차 계약상 유치권자가 '임대인'이 되어야 계약이 종료하면 임차인에게 임대물을 돌려달라고 할 수 있다.

이와 달리 임대차 계약서에 유치권자가 소유자의 '대리인'이 되어 임대차 계약을 체결했다면, 어떨까? 여기서 임대차 계약이 종료하면 임대차 목적물을 돌려달라고 할 수 있는 사람은 어디까지나 대리인 아닌 본인, 즉 '소유자'뿐이다.

계약서에 따르면, 부동산에 보이지 않는 손을 뻗고 있는 사람은 유치권자가 아니라 소유자인 거다. 간접점유를 한 사람은 유치권자가 소유자뿐으로, 유치권자는 결국 제대로 점유하지 못했다고 평가된다.

③ 직원

어떤 회사가 직원 갑돌이에게 A 부동산을 점유하라고 지시했을 때, 이 회사는 간접점유자일까, 직접점유자일까?

갑돌이는 앞서 살펴본 임차인과 약간의 차이가 있다. 임차인은 임대차 계약이 유효하고 임대차 기간 내라면 임대인이 함부로 임차인더러 나가라 마라 할 수 없다. 갑돌이는 아니다. 갑돌이는 회사의 지시에 따라야 한다. 회사가 나가라면 나가고 들어오라면 들어가야 하는, 회사의 '수족'과 같은 사람이다.

따라서 어떤 회사가 본인의 직원을 통해 A 부동산을 점유하고 있다면 회사가 직접점유자이고, 갑돌이 직원은 '점유보조자'에 해당한다.

유치권자라도 공짜로 쓸 수 없는 부동산

유치권자는 돈을 못 받아 부동산을 점유하는 것일 뿐, 원래 마음대로 사용·수익을 할 권리는 없다. 부동산의 사용·수익은 어디까지나 소유자의 몫이다. 따라서 소유자 동의 없이 유치권자가 다른 사람과 임대차 계약을 체결해 간접점유를 하게 한다면, 뒤에서 보는 선관주의의무 선량한 관리자의 주의의무 71쪽 참고 위반으로 인한 유치권 소멸청구 대상이 될 수도 있다.

유치권자가 직접점유를 하면서 단순히 문을 걸어 잠그고 관리하는 정도를 넘어서 거주하면서 부동산을 적극적으로 사용·수익하고 있다면, 유치권자는 엄연히 부동산을 사용하는 대가를 소유자에게 내야 한다. 법률용어로는 '차임 상당의 부당이득 반환의무'가 발생했다고 표현한다.

이때 간과해서 안될 점은 유치권자가 부동산을 실제로 사용해야 한다는 점이다. 단순히 남이 들어가지 못하도록 폐쇄 조치를 해놓은 점만으로는 사용했다고 보기는 어렵다.

소송 중에는 유치권자의 사용·수익이 있었던 기간의 차임을 합산해, 유치권자가 주장하는 피담보채권에서 빼야 한다고 지적한다. 이에 대한 정확한 대법원 판례가 있는 것은 아니다. 다만, 하급심 판례에서 이를 인정한 예가 있고, 필자가 담당한 사건에서 법원도 이러한 지적에 대해서는 대부분 수긍하였다.

> **유치권자의 부당이득반의무를 인정한 판결**
>
> 대법원 2009. 9. 10., 선고, 2009다28462, 판결
>
> 건물의 유치권자가 건물을 사용하였을 경우에는 특별한 사정이 없는 한 그 차임 상당액을 건물소유자에게 부당이득으로 반환할 의무가 있다(대법원 1963. 7. 11. 선고 63다235 판결, 대법원 2006. 6. 30. 선고 2005다59963 판결 등 참조).

법원 경고를 무시한 유치권자의 최후

경매개시결정등기의 경고

경매가 시작됨을 알리는 경매개시결정 기입등기는 등기부 어디서 확인할 수 있을까? 갑구에서 확인하면 된다. 유치권이 신고된 물건은 특히 경매개시결정이 언제 있었는지 반드시 한 번은 확인해야 한다.

경매개시결정이 있다는 것은 부동산에 압류의 효력이 발생한다는 것이다. 압류라는 것은 부동산 소유자에게 더는 부동산의 가치를 떨어뜨리는 행위를 하지 못하도록 한 '경고'다. 압류 효력 발

생 시의 부동산 가치를 그대로 법원이 현금화하기 위한 것이다. 부동산 경매를 신청한 채권자를 위한 일이다.

자, 이때! 유치권은 부동산의 가치를 올릴까, 떨어뜨릴까? 1억 원의 부동산에 3천만 원의 받을 돈이 있다며 유치권 신고가 있다. 대다수의 응찰자는 향후 3천만 원을 지급해야 유치권을 해결할 수 있음을 고려해, 응찰가를 7천만 원 이하에서 정하려 할 것이다.

더 말할 것도 없이 유치권의 발생은 응찰자로서 무조건 부동산의 가치를 떨어뜨리는 일이다. 그런데 압류의 효력이 있는 경매개시결정은 소유자에게 부동산의 가치를 떨어뜨리지 못하게 경고하는 일이다. 경매개시결정 이후에서야 점유를 개시한 유치권자는 법원의 압류를 무시하고 부동산의 가치를 떨어뜨린 사람으로 압류를 위반한 사람에 불과하다.

법에 반한 사람을 보호할 필요가 있을까? 아니다. 압류의 효력을 위반해 유치권을 주장한 사람은 매수인에게 부동산의 인도를 거절할 수 없다.

경매개시결정 이후 유치권을 취득한 사람에 대한 판결

대법원 2022. 12. 29. 선고 2021다253710 판결

민사집행법 제91조 제3항이 "지상권·지역권·전세권 및 등기된 임차권은 저당권·압류채권·가압류채권에 대항할 수 없는 경우에는 매각으로 소멸된다."라고 규정하고 있는 것과는 달리, 같은 조 제5항은 "매수인은 유치권자에게 그 유치권으로 담보하는 채권을 변제할 책임이 있다."라고 규정하고 있으므로, 유치권은 특별한 사정이 없는 한 그 성립시기에 관계없이 경매 절차에서 매각으로 인하여 소멸하지 않는다. 다만 부동산에 관하여 이미 경매 절차가 개시되어 진행되고 있는 상태에서 비로소 그 부동산에 유치권을 취득한 경우에도 아무런 제한 없이 경매 절차의 매수인에 대한 유치권의 행사를 허용하면 경매 절차에 대한 신뢰와 절차적 안정성이 크게 위협받게 됨으로써 경매 목적 부동산을 신속하고 적정하게 환가하기가 매우 어렵게 되고 경매 절차의 이해관계인에게 예상하지 못한 손해를 줄 수도 있으므로, 그러한 경우에까지 압류채권자를 비롯한 다른 이해관계인들의 희생 아래 유치권자만을 우선 보호하는 것은 집행절차의 법적 안정성이라는 측면에서 받아들일 수 없다. 그리하여 **대법원은 집행절차의 법적 안정성을 보장할 목적으로 부동산에 관하여 경매개시결정등기가 된 뒤에 비로소 부동산의 점유를 이전받거나 피담보채권이 발생하여 유치권을 취득한 경우에는 경매 절차의 매수인에 대하여 유치권을 행사할 수 없다고 본 것이다.**

눈여겨봐야 하는 서류

이 부분과 관련해서는 경매 절차에서 유치권이 신고된 물건에서 특히 눈여겨 살펴봐야 할 서류들이 있다.

바로, 점유현황조사서·감정평가서다. 점유현황조사는 경매가 개시된 이후에 진행된다. 법원 직원이 직접 부동산의 상태를 눈으로 확인하러 가는 절차다. 유치권자가 부동산에 있거나, 유치권을 행사하는 듯한 여러 모습이 발견되면 점유현황조사서에는 유치권자가 존재한다는 취지의 글을 기재한다. 경매 절차 개시 이후 진행되는 감정평가 역시, 감정평가사들이 부동산에 직접 방문하여 사진까지 남겨두기도 한다. 유치권자가 확인되면 임대 관계나 점유자 관련한 부분에 유치권자가 확인되었다고 기재한다.

점유현황조사서와 감정평가서에서 모두 유치권자의 점유를 확인할 수 없는데 유치권이 신고되어 있고, 낙찰 이후 갑작스레 유치권을 주장한다면 위 자료들을 활용해 유치권자의 점유가 없었다거나, 있다고 해도 경매개시결정 이후 있었다고 주장해볼 수 있다.

경매개시결정이 됐는지 모르고 점유 시작한 유치권자

경매개시결정 이후 점유를 시작한 유치권자인데 때로는 경매가 시작됐는지도 모르고 부동산에 들어왔다고 주장할 수도 있다.

모르고 그랬으니 봐줘도 된다고 법원이 말할까? 그렇지 않다. 경매개시결정의 기입등기가 경료되어 압류의 효력이 발생한 후에 부동산의 점유를 이전받아 유치권을 취득한 사람이라면 기입등기 경료 사실을 과실 없이 알지 못하였다는 사정을 들어 경매절차의 매수인에게 대항할 수 없다는 것이 대법원 판례의 태도다.

경매시작을 모르고 유치권 취득한 사람에 대한 판결

대법원 2006. 8. 25. 선고 2006다22050 판결 [토지인도]

채무자 소유의 부동산에 경매개시결정의 기입등기가 경료되어 압류의 효력이 발생한 이후에 채권자가 채무자로부터 위 부동산의 점유를 이전받고 이에 관한 공사 등을 시행함으로써 채무자에 대한 공사대금채권 및 이를 피담보채권으로 한 유치권을 취득한 경우, 이러한 점유의 이전은 목적물의 교환가치를 감소시킬 우려가 있는 처분행위에 해당하여 민사집행법 제92조 제1항, 제83조 제4항에 따른 압류의 처분금지효에 저촉되므로, 위와 같은 경위로 부동산을 점유한 채권자로서는 위 유치권을 내세워 그 부동산에 관한 경매절차의 매수인에게 대항할 수 없고, **이 경우 위 부동산에 경매개시결정의 기입등기가 경료되어 있음을 채권자가 알았는지 여부 또는 이를 알지 못한 것에 관하여 과실이 있는지 여부 등은 채권자가 그 유치권을 매수인에게 대항할 수 없다는 결론에 아무런 영향을 미치지 못한다.**

중간에 점유를 잃은 유치권자

돈 받을 때까지 점유해야 하는 유치권자

임차인의 대항력을 떠올려보자. 임차인이 어느 시점에 점유를 개시하고 전입신고를 하였다고 하더라도 신 소유자의 소유권 취득 시까지 대항요건을 유지해야, 대항력 행사가 가능하다.

마찬가지로 어느 특정 시기에 받을 돈이 있고 점유를 잠깐 했다 해서 유치권이 계속 유지되는 것이 아니다. 떼인 돈 받을 때까지 점유를 계속하며 인도를 거절해야 한다. 유치권자가 부동산에 대한 점유를 상실하면, 그때 유치권은 소멸한다.

점유 뺏긴 유치권자의 회복 방법

유치권자가 점유를 상실하면 유치권이 소멸하지만, 제3자로부터 점유를 불법적으로 침탈당한 경우라면 점유를 회복할 방법이 있다. 유치권자가 점유물 반환 청구권을 행사해 제때 부동산에 대한 점유를 회수하면 점유를 상실하지 않는 것으로 취급한다. 유치권자는 1년 이내에 '점유회수의 소'를 제기해 법원에서 판결받아 점유를 회수할 수 있다.

발품을 팔아, 특정 시점에 유치권자가 점유를 상실했었다는 정보를 입수하더라도, 유치권자가 점유를 회수한 경위가 어떻게 되는지를 추가로 알아봐야 한다.

유치권자가 제3자로부터 불법적으로 점유를 빼앗기는 때가 도대체 언제 있을까? 필자도 자주 보지는 못했지만, 있긴 있다. 바로 돈 줄 사람_{소유자, 채무자}과 돈 받을 사람_{공사업자, 유치권자}이 치열하게 다투는 경우다. 돈 줄 사람으로서는 분명 줄 돈이 적은데, 돈 받을 사람과 계산이 맞지 않고 게다가 자기 부동산을 마음대로 쓰지도 못하게 하면 결국 유치권자와 뺏고 뺏기는 분쟁을 벌이기도 한다.

유치권이 있어도 "나가!"라고 할 수 있는 사람

토지 소유자한테 철거당할 건물

건물과 건물이 밟고 있는 대지의 주인이 서로 다를 수 있다. 을순이가 갑돌이 땅에 건물을 하나 지었다. 병식이는 건물을 올린 공사업자다.

병식이가 건물을 완공했다고 알렸지만, 을순이가 공사대금을 주지 않는다. 한편, 갑돌이는 땅에 아무것도 없던 시절 A 새마을금고에 땅을 담보로 돈을 빌리고 근저당권을 설정해주었다. 갑돌이 사정이 좋지 못해 대출금을 제때 갚지 않자, A 새마을금고가 땅에 경매를 신청한다.

갑돌이 땅만 경매에 나왔다. 건물 공사업자 병식이가 유치권을 행사하고 있다. 정숙이는 경매에 나온 갑돌이 땅을 낙찰 받았다. 이때 병식이가 건물 유치권을 행사해야 하니 정숙이의 땅을 사용하겠다고 주장할 수 있을까? 법정지상권은 책의 뒤편에서 살펴본다. 그래도 일단 한 번 을순이 소유 건물에 정숙이 땅을 쓸 권리인 법정지상권이 성립하는지 살펴보자.

A 새마을금고가 근저당권을 설정하던 당시, 갑돌이 땅은 나대지였다. 건물이 없었다. A 새마을금고는 갑돌이가 땅을 마음대로 쓸 수 있다고 보고 가치를 정해 돈을 빌려주었다. 이후에 을순이가 갑돌이 땅에 건물을 세운 것이니, 을순이 건물에 법정지상권이 성립해 갑돌이가 자기 땅을 마음대로 쓸 수 없다고 본다면, 갑돌이 땅의 가치는 뚝 떨어진다. 을순이 건물 때문에 자유롭게 쓸 수 없는 갑돌이 땅을 경매에서 제값에 살 사람도 없다.

A 새마을금고로서는 돈 빌려줄 때 예측할 수 없던 상황으로 갑작스레 대출금 회수가 어려워진다. 따라서 이때는 을순이 건물에 법정지상권이 성립할 수 없다고 봐야 한다. 새로운 낙찰자가 땅을 사는 순간, 을순이에게 건물을 철거하라고 요구할 수 있어야, 비로소 땅을 제대로 사용할 수 있게 된다.

그럼, 법정지상권이 성립하지 않은 을순이 건물에 대해서 낙찰자 정숙이가 무엇을 요구할 수 있는지 살펴보자. 정숙이는 을순이에게 건물을 없애 깨끗한 토지를 인도하라고 청구할 수 있다. 을순이가 무단으로 정숙이 땅을 쓰고 있는 거니까. 정숙이 입장에서 을순이 건물의 존재는 '불법'이다.

철거될 건물 지은 공사업자

위와 같이 건물 자체가 땅 소유자에게 불법 그 자체라면, 건물 공사업자 병식이는 땅 주인 정숙이한테 건물 유치권을 행사하겠다며 땅에 버티고 있을 수는 없다.

토지 쓸 권리 없는 건물의 유치권자에 대한 판결

대법원 1989. 2. 14. 선고 87다카3073 판결 [건물명도]

가. 건물철거는 그 소유권의 종국적 처분에 해당하는 사실행위이므로 원칙으로는 그 소유자에게만 그 철거처분권이 있으나 미등기건물을 그 소유권의 원시취득자로부터 양도받아 점유중에 있는 자는 비록 소유권취득등기를 하지 못하였다고 하더라도 그 권리의 범위내에서는 점유중인 건물을 법률상 또는 사실상 처분할 수 있는 지위에 있으므로 그 건물의 존재로 불법점유를 당하고 있는 토지소유자는 위와 같은 건물점유자에게 그 철거를 구할 수 있다.

나. 가.항의 건물점유자가 건물의 원시취득자에게 그 건물에 관한 유치권이 있다고 하더라도 그 건물의 존재와 점유가 토지소유자에게 불법행위가 되고 있다면 그 유치권으로 토지소유자에게 대항할 수 없다.

CHAPTER
4

못 받은 돈이 있어야 생기는 유치권

점유보다 중요한 '못 받은 돈'

유치권이 발생하려면 크게 점유와 피담보채권이 있어야 한다. 피담보채권이란 말이 어렵다. 쉽게 말해 '받을 돈'이다.

받을 돈이 있어야 부동산을 점유하면서 유치권을 행사할 수 있다. 유치권이 있는지 없는지 다투는 소송에서는 유치권자의 점유와 받을 돈 피담보채권이 있었는지를 중점적으로 많이 다툰다.

점유는 상대적이다. 점유가 존재한다는 것은, 모든 사건마다 같은 모습일 수는 없고 구체적인 상황에 따라 조금씩 다르게 판단해야 한다. 공사대금을 못 받았다고 해서 공사업자가 무작정 그 공사 현장만 지키고 있을 순 없다. 생업이 달려 있으니 다른 공사 현장에 가서 일을 하려면, 돈을 못 받은 공사장은 일단 문을 잠가만 두기도 하고, 조금 더 노력을 기울여 현수막을 붙여두기도 한다. 무시무시한 문구는 보통 자신이 여기를 제대로 지키고 관리하고 있다는 뜻을 강하게 인식시키고자 하는 것이다. 못 받은 돈이 너무 많고 업체가 비교적 크다면 직원을 상주하게 한다. 사건마다 점유가 있다고 본 사실관계가 조금씩 달랐다. 보통은 제3자가 함부로 들어오지 못하게 유치물에 적절한 폐쇄조치를 취하고, 유치권을 행사 중인 사실을 건물 외벽 현수막이나 페인트칠로 알리며, 상주하는 인력을 두는 정도면 점유가 부정되지는 않았다. 상주하는 직원이 없었더라도 주기적으로 부동산을 관리하러 다녔다는 사실이 증거로 뒷받침되면 점유가 인정되기도 했다.

가끔 어떤 의뢰인은 어느 날 공사현장에 가보니 달랑 현수막 한 장 걸려 있고 사람이 없더라며 아무도 관리를 하지 않고 있으니 유치권은 없는 게 아닌지 묻기도 한다. 물론, 점유가 부정될 수 있다. 그러나 유치권자가 현수막을 걸어둔 뒤 주기적으로 부동산을 관리하러 온 사정이 있다거나, 다른 사람이 들어오지 못하도록 조치를 해뒀다는 사실을 들며 받지 못한 돈이 얼마나 있는지 구체적으로 증명하면 법원에서도 점유를 쉽게 부정하진 못한다.

경매와 관련한 수많은 사건 중 유치권과 관련한 소송이 많이 진행된다. 유치권이 존재한다고 확정된 판결이 앞서 3~4개 있음에도 유치권이 없다는 취지로 승소해 의뢰인에게 수십억의 수익이 발생한 사례도 있다.

공사업자 편에 서서 유치권이 존재한다는 취지로 소송을 하기도 했다. 어느 편에서나 결국 점유가 있는지 없는지보다는 받을 돈이 있느냐 없느냐가 비교적 더 중요한 쟁점으로 다뤄진다.

못 받은 돈이 상당한 공사업자일수록 일단 점유를 허술하게 하지 않는다. 개중에는 생업이 바빠 받을 돈이 상당함에도 직원을 쓸 형편이 되지 못해 오래된 현수막 하나만 걸어두고 점유를 주장하는 공사업자도 있다. 모두 피담보채권_{받을 돈} 이 있다는 점을 제대로 밝히면 관리 정도가 조금 약하였다 하더라도 쉽게 유치권이 부정되지 않는다.

어디에 투입된 못 받은 돈인가?

유치권을 행사하는 부동산에 들인 돈이 있어야 그 부동산을 점유하며 인도를 거절할 수 있다. '물건에 들인 돈'을 법률용어로 하면 '견련성 있는 채권'이다. 부동산을 '만드는데 들어간 돈'으로 생각하면 이해하기가 좀 더 쉽다.

부동산 경매에서 견련성이 인정되면서 주로 주장되는 피담보채권은 공사업자의 공사대금채권, 목적물에 대하여 지출된 유익비·필요비 등의 비용상환청구권 정도다. 후자는 임차인이 청구하는 예도 있고, 간혹 유치권자가 유치권을 행사하면서 건물 관리에 들어간 돈이 있다며 주장하기도 한다. 법률적으로 주장은 가능하지만, 입증 단계로 들어가면 수억 원의 공사대금을 받지 못한 공사업자가 부동산 관리를 위해 수천, 많게는 수억 원이 추가로 들어갔음을 제대로 입증하는 경우는 흔치 않다.

견련성이 부정되는 대표적인 예는 임차인의 임대차 보증금 반환청구권과 상가 임차인의 권리금 반환청구권, 매도인의 매매대금 청구권과 같은 것이 있다. 모두 부동산 그 자체에 들어간 돈이라고 보기는 어렵다. 임대차보증금이야 임대차 계약을 했으니 발생한 돈이고, 매매대금은 매매 계약상 발생한 돈일 뿐 부동산을 물리적으로 만들거나 구성하는데 들어간 돈은 아니다.

건물 지은 사람의 토지 유치권 행사

견련성이 자주 다퉈지는 경우는 바로 토지 유치권이 문제가 될 때이다. 특히, 건물 신축공정상 앞 단계로 진행된 토지 공사가 과연 토지에 대하여 생긴 채권이 맞는지가 자주 문제 된다.

얼마 전 토지 유치권 행사 중 토지 소유자로부터 소송을 당했다며 찾아온 의뢰인이 있었다. 지하 1층, 지상 2층의 낡은 건물을 지하 2층, 지상 5층의 건물로 신축하는 공사에서 터 파기 공사를 진행한 상태였다.

기존의 건물보다 면적이 훨씬 큰 공사가 시행되었다. 땅도 그만큼 더 파고들어 가야 했고, 물막이 공사도 따로 진행해야 했다. 그런데 의뢰인은 '건물 신축공정' 중 터파기·물막이 공사를 했고 계약서도 건축주와 **건물신축계약**을 한 종합건설회사와 '하도급계약'을 한 상태였다. 소송에서는 꼭 건물 신축 공사가 아니더라도 토지 그 자체에 필요한 공사가 진행되었다고 강력히 변론했다.

그러나 재판부는 애초 건물신축공사를 계획하지 않았다면 의뢰인의 공사도 진행하지 않았을 것이고, 공사 전에도 땅에는 건물이 있었기에 신축 건물을 위해 땅에 대한 별도의 큰 공사가 진행될만한 상황도 아니었으므로, 땅 자체의 성격이 변한 공사로 보긴 어렵다고 판단하였다. 의뢰인의 토지 유치권이 인정되지 않았다.

그렇다면 토지 유치권이 인정되는 공사는 무엇일까? 필자가 진행했던 사건 중 토지 유치권이 인정되었던 대표적인 예를 들어보면 토지의 '형질변경'이 일어날 정도로 공사가 진행된 경우였다. 산을 깎아 대지화한 뒤에 주택을 세웠을 때와 같이 토지의 형질변경과 함께 등기사항증명서상 지목변경까지 있을 때 유치권자의 토지 유치권이 인정되었다.

대법원 판례에 따르더라도 토지 본래의 모습대로라면 도저히 건물을 지을 수 없는 정도로 건물을 짓기 위해 토지 자체의 형상을 변경하는 본격적인 공사가 진행된 경우여야 토지에 대한 유치권이 인정된다.

토지에 관한 공사로 인정하지 않은 판결

오피스텔 신축공사상 토공사 및 흙막이 공사를 한 공사업자가 유치권을 행사하자 대법원이 토지에 관한 공사로 보기 어렵다며 토지 유치권을 인정하지 않은 사례다.

대법원 2013. 5. 9. 선고 2013다2474 판결 [토지인도 등]

2. 피고 B 주식회사 및 피고 D에 대한 상고이유에 관하여

가. 원심판결 이유에 의하면, 원심은 피고 B 주식회사(이하 '피고 B'라 한다)가 F으로부터 이 사건 각 토지에 지상 15층, 지하 4층 규모의 오피스텔 신축공사를 수급한 뒤, **피고 D에게 그 중 토공사 및 흙막이 공사(이하 '이 사건 하도급공사'라 한다)를 하도급**하였고, 이에 피고 D가 이 사건 각 토지를 지표면으로부터 지하 4층 규모인 14m 깊이까지 굴착한 뒤 흙막이 벽체를 설치하고 굴착된 부분의 벽면 부위를 지탱하기 위한 철골구조물을 설치한 상태에서 이 사건 하도급공사가 중단된 사실 등을 인정한 다음, ① 이 사건 각 토지는 오피스텔 신축공사에 적합하지 아니한 상태였고, 이를 보완하기 위하여 철골구조물 등의 설치가 반드시 필요하였던 점, ② 철골구조물 등을 철거할 경우 흙막이 벽체 부분과 굴착된 부분 및 인근 토지들까지 붕괴될 위험이 있는 점, ③ 이 사건 하도급공사는 단순히 오피스텔 건물에 대한 공사만에 한정된다고 볼 수 없고 이 사건 각 토지를 건물 신축에 적합한 용도로 유지하기 위한 공사로서 이 사건 각 토지에 대한 공사의 성질도 지닌다고 보이는 점 등을 종합하여, 피고 B와 피고 D는 이 사건 각 토지에 관하여 생긴 공사대금 채권을 보유하고 있고, 그 채권을 변제받을 때까지 유치권자로서 이 사건 각 토지를 점유할 권리가 있다고 판단하였다.

나. 그러나 이러한 원심의 판단은 다음과 같은 이유로 수긍할 수 없다.
(1) 건물의 신축공사를 한 수급인이 그 건물을 점유하고 있고 또 그 건물에

관하여 생긴 공사대금 채권이 있다면 수급인은 그 채권을 변제받을 때까지 건물을 유치할 권리가 있는 것이지만, 건물의 신축공사를 도급받은 수급인이 사회통념상 독립한 건물이라고 볼 수 없는 정착물을 토지에 설치한 상태에서 공사가 중단된 경우에 그 정착물은 토지의 부합물에 불과하여 이러한 정착물에 대하여 유치권을 행사할 수 없는 것이고, 또한 공사중단시까지 발생한 공사대금 채권은 토지에 관하여 생긴 것이 아니므로 그 공사대금 채권에 기하여 토지에 대하여 유치권을 행사할 수도 없는 것이다(대법원 2008. 5. 30.자 2007마98 결정 등 참조).

(2) 원심판결 이유와 기록에 비추어 살펴보면, **이 사건 하도급공사는 지하층을 건설하는 건물 신축공사에 통상적으로 따르는 정지공사에 불과한 것으로서, 이 사건 각 토지를 건물 신축에 적합한 용도로 유지하기 위한 공사라고는 보이지 아니하고, 이와 같은 공사가 필요하다는 이유로 이 사건 각 토지가 건물 신축공사에 적합하지 아니한 상태였다고 볼 수도 없으며, 달리 이 사건 각 토지가 이 사건 오피스텔 신축공사에 적합하지 아니한 상태에 있었다고 인정할 만한 자료를 찾을 수 없다.**

그리고 이 사건 하도급공사를 위하여 설치된 철골구조물 등을 철거할 경우 이 사건 각 토지는 물론 인근 토지까지 붕괴될 위험이 있더라도 이는 이 사건 하도급공사의 공법상의 문제로 인한 것으로 보일 뿐이고, 그러한 이유만으로 철골구조물 등이 이 사건 각 토지를 건물 신축에 적합한 용도로 유지하기 위하여 사용되고 있다거나 그와 같은 목적으로 이 사건 하도급공사가 시공되었다고 볼 수는 없다.

(3) 이와 같은 사정들을 앞서 본 법리에 비추어 보면, **이 사건 하도급공사는 이 사건 오피스텔 신축을 위한 초기공사로 보아야 할 것이지, 그것이 이 사건 각 토지에 대한 공사의 성질을 지닌다고 볼 수는 없다.** 따라서 그 공사대금 채권을 이 사건 각 토지에 관하여 생긴 채권으로 볼 수 없으므로, 그에 기하여 이 사건 각 토지에 대한 유치권을 행사할 수는 없다고 할 것이다.

토지에 관한 공사로 인정한 판결

토지가 공부상 과수원, 전, 하천 등으로 아파트 3개동을 짓기 위해서 지반을 보강하는 공사가 필요했고 실제로 토지에 콘크리트 기초파일 보강공사가 진행되어 1,283개의 기초파일이 삽입된 대규모 공사에 관해 법원은 토지에 관한 공사임을 인정하고, 토지에 관한 유치권도 인정해주었다.

대법원 2007. 11. 29. 선고 2007다60530 판결 [건물철거및대지인도]

이 사건 각 토지는 공부상 지목이 과수원, 전, 하천으로 구성된 일단의 토지로서 그 지목이 잡다하고, **장차 지목을 대지로 변경하더라도 지반침하 등으로 인한 건물붕괴를 막기 위한 지반보강공사 없이는 그 지상에 아파트 등 건물을 건축하기에 부적합**하였던 사실, 이와 같은 이유로 이 사건 각 토지의 소유자이던 C 주식회사(이하 'C'이라 한다)는 그 지상에 임대아파트 신축사업을 시행하기에 앞서 피고와 사이에 임대아파트 신축공사 중 토목공사부분을 공사기간 착공 1998. 10. 30.부터 준공 2001. 12. 30.까지(3년 2개월간), 공사대금 6억 8,000만 원으로 각 정하여 도급계약을 체결하였는데, 그 공사내용은 위 각 토지를 아파트 3개동이 들어설 단지로 조성하되, **장차 지반침하로 인한 건물 붕괴를 막기 위하여 그 자리에 콘크리트 기초파일을 시공하는 것**으로 되어 있는 사실, 이에 따라 피고는 이 사건 각 토지에 기초파일공사를 진행하였으나 C의 자금사정 악화로 공사가 중단되었고, 다시 위 각 토지와 위 신축사업을 인수한 D과 사이에서 공사대금을 7억 5,000만 원으로 정하여 같은 내용의 공사계약을 체결하고 2차 **기초파일공사를 진행한 결과 완공단계**에 이른 사실, 현재 이 사건 각 토지는 장차 아파트 3개동이 들어설 부지 조성을 위하여 그 지하에 약 1,283개의 콘크리트 기초파일이 항타하여 삽입되어 있는 사실을 인정할 수 있는바, 위 인정사실에 의하면 이 사건 토목공사는 공부상 지목이 과수원, 전, 하천으로 잡

> 다하게 구성된 이 사건 각 토지를 대지화시켜 아파트 3개동이 들어설 단지로 조성하기 위한 콘크리트 기초파일공사로 볼 여지가 있고(그러한 공사의 전제로 이 사건 각 토지에 관한 형질변경허가도 있었으리라 추측된다), 이러한 경우에는 이 사건 토목공사를 위 각 토지에 관한 공사로 볼 수 있으므로 그 공사대금채권은 위 각 토지에 관하여 발생한 채권으로서 위 각 토지와의 견련성이 인정된다고 할 것이다.

짓다 만 건물의 못 받은 공사비

법률상 '건물'이란?

유치권 행사의 대상이 될 수 있는 '건물'은 대법원 판례에 따르면 최소한의 기둥, 지붕 그리고 주벽 정도는 갖춰야 한다. 다음의 사진 속 구조물은 법률상 건물에 해당할까?

콘크리트 바닥이 있기는 하지만 기둥과 주벽, 지붕 그 어떤 것도 갖춰져 있지 않다. 독립한 건물이라고 보기는 어렵다. 그렇다면 일단 이 구조물 자체에 대한 유치권 행사는 힘들다.

건물 아닌 구조물, 유치권 행사할 수 있을까?

그렇다면 구조물이 놓인 토지에 대한 유치권 행사는 어떨까? 대법원은 구조물에 대한 공사대금은 구조물을 만드는 데 들어간 돈일 뿐, 토지에 대한 공사로 투입된 비용으로 아니라고 본다. 구조물 그 자체에도, 토지에도 유치권 행사가 모두 어려운 것이다.

자칫하면 못 돌려받는 오래된 공사대금

시간 지나면 못 받는 떼인 돈

돈 받을 수 있는 권리를 법이 영원히 지켜주진 않는다. 일반적인 금전채권은 아무런 권리행사 없이 10년이 지나면 소멸한다. 상업활동 과정에서 생긴 상거래채권은 5년이 지나면 소멸한다.

공사대금의 특수한 소멸시효기간

부동산 경매에서 유치권을 주장하는 사람은 '공사업자'가 10이면 7 이상이다. 다만, 공사업자의 공사대금채권은 일반적인 채권과 다르게 3년의 단기 소멸시효를 적용받는다.

공사업자가 공사대금을 못 받았더라도 공사대금을 받기 위한 법적인 노력을 아무것도 하지 않고 3년의 세월을 보내면 집주인 상대로 못 받은 공사대금을 달라는 소송을 진행해도 승소할 수 없다.

유치권 신고가 있지만 겉보기에 공사가 중단된 지 한참 되어 보이는 곳도 있다. 요즘에는 다음, 네이버, 구글에 거리뷰가 잘 되어 있다 보니, 몇 년 전부터 공사가 진행되었는지 손품을 팔면 어느 정도 확인이 된다.

흐르는 소멸시효 붙잡는 방법

손품과 발품을 팔아 확인하니 공사가 중단된 것이 적어도 4~5년이 훌쩍 넘어 보인다. 이곳은 유치권이 무조건 인정 안 되겠다며 유치권 신고를 무시하고 응찰해도 될까?

아니다. 소멸시효와 관련한 부분은 '보너스' 정도로 여기자. 소멸시효는 권리를 가지고 있는 사람이 어떻게 행동했느냐에 따라 중단되기도 하고, 소멸시효 중단 사유가 사라진 시점부터 새롭게 시작되기도 한다. 그런데 이는 당사자들끼리 취한 행동이라 겉으로 드러나지 않는다. 제3자인 응찰자로서는 공사업자가 공사대금을 받기 위해 어떤 행위를 했는지 속속들이 알기 어렵다.

대기업 건설사라면 말할 것도 없이 소멸시효가 완성되지 않도록 매우 신경 쓴다. 공사업자들도 공사대금의 소멸시효가 짧다는 것을 잘 알고 있어 소멸시효가 완성되지 않도록 여러 권리행사를 잘해둔다.

또 하나 주의할 것은 공사업자가 공사대금 판결을 받아두거나 지급명령을 받게 되면 3년에 불과하던 소멸시효가 10년으로 늘어난다는 것이다.

그 외에도 유치권자는 부동산 가압류를 해두거나 채무자로부터 공사대금 안 준 게 얼마라는 취지의 채무 승인서 같은 것을 주기적으로 받아두었다고 주장하기도 한다. 채무자가 줄 돈을 인정한 '승인'도 소멸시효를 중단시키는 한 사유이기 때문이다.

승인서와 관련해서는 재판을 진행해보면 최근에서야 작성된 게 뻔히 보이지만, 증거 활동으로는 반박하기 어려운 형태의 '시기별 채무 승인서'가 주르륵 나와 더는 시효중단을 주장하기 어렵게 한다. 다만, 일부 영세업자들은 건축주만 믿고 특별한 법적조치를 취해두지 않아 공사대금 소멸시효가 완성된 사례도 있긴 있다. 공사를 언제 진행했고 완료했는지 확인할 필요가 있다.

한편, 유치권을 행사하는 것은 받을 돈의 소멸시효 완성과 아무런 관련이 없다. 유치권을 행사해도 받을 돈의 소멸시효는 아무런 방해 없이 쭉 흘러간다.

'이 때'까지 생겨야 하는 받을 돈

이 내용은 이미 점유 부분에서 함께 살펴봤다. 점유를 미리 하고 있었지만 받을 돈이 경매 절차 개시 이후에서야 발생했다면, 이는 부동산 가치를 떨어뜨리지 말라는 법원의 경고(압류)를 무시한 유치권에 불과하다. 이때도 역시나 유치권자는 매수인에게 유치권을 이유로 대항하지 못한다.

CHAPTER
5

소유자 아닌 관리인, 유치권자

소유자가 아닌 유치권자

유치권자는 못 받은 돈이 있어 돈을 받을 때까지만 부동산을 점유하는 것일 뿐이다. 부동산을 자기 마음대로 사용·수익하고 다른 사람에 빌려주거나 담보로 내주는 등의 행위는 어디까지나 소유자만이 할 수 있는 행위이다.

허락을 받아야 쓸 수 있는 유치물

아무리 못 받은 돈이 있더라도 유치물을 보존하는 수준을 넘어서 함부로 훼손하거나 자기 마음대로 써서는 안 된다. 민법 제324조는 유치권자에게 '선량한 관리자'의 주의를 다해 유치물을 점유할 것을 요구한다.

채무자의 승낙 없이 유치물을 사용, 대여, 담보를 제공해 선량한 관리자의 주의의무를 위반한 때 채무자는 유치권 소멸을 청구할 수 있게 된다. 다만, 유치물을 사용하였다 하더라도 그것이 유치물 보존에 필요한 사용이라면 소멸청구 대상이 되지는 않는다.

단적인 예로, 유치권을 행사한다고 해서 문만 잠그고 빈집으로 내버려 둔다면 사람이 살면서 관리하는 것보다 아무래도 집이 망가질 수밖에 없다. 겨울에 동파를 방지하기 위해 난방을 튼다거나, 먼지가 쌓이지 않게 청소하는 정도의 사용을 유치물 보존에 필요한 사용이라고 볼 수 있다.

그러면 이 부분에서 독자들이 늘 하는 질문이 있다. 채무자_{소유자}가 유치권자에게 자기 물건의 사용·대여·담보제공을 허락하는 일이 있냐는 것이다. 생각보다 비일비재하다. 돈을 마련한 길 없는 건축주는 공사업자에게 직접 분양이나 임대해서 수익이 발생하면 공사대금에 충당하라는 취지의 승낙서나 동의서를 쉽게 작성해 준다.

소유자 허락 없이 쓰면 소멸하는 유치권

소유자채무자가 연락이 닿지 않거나 사이가 매우 나빠져 유치권자가 실컷 유치물을 다른 사람에게 대여해줬으면서도 동의서를 재판에 제출하지 못하는 때도 있다. 이때는 유치권자가 유치권 소멸 사유가 발생했다는 지적에서 피할 수 없다. 따라서 매각물건명세서나 점유현황조사서상 유치권자와 어떤 관계인지 알 수 없거나 완전히 관계없는 사람으로 추정되는 사람이 확인된다면 유치권 소멸청구 사유가 발생했는지 추가로 조사해야 한다.

유치물 보존에 필요한 '사용'과 유치권 소멸청구 사유가 되는 '사용'은 어떤 차이가 있을까? 대법원과 1, 2심 법원들의 판결들을 종합해보면, 유치권자나 그의 가족이 직접 유치물을 사용·수익하는 경우는 유치물의 보존에 필요한 사용으로 평가될 가능성이 크다.

유치권자가 유치물인 주택에서 가족과 함께 거주하며 사용하거나, 유치물인 상가에서 점포를 운영하는 것과 같이 건물 용도에 크게 벗어나지 않은 형태로 쓰는 때다. 유치권자가 제3자에게 유치물을 쓰도록 한때는 돈을 받지 않고 공짜로 대여사용대차했더라도 채무자의 승낙을 받아야 하는 '사용'이라고 보기도 한다.

그러나 제3자에게 유치물을 빌려주고 대가를 받았더라도, 그 대가를 건물 유지하는 데 대부분 사용하였고, 차임 자체도 소액이라면 유치물 보존에 필요한 사용이라고 본 하급심 판례 역시 있다. 유치권자와 아무 관련 없는 제3자가 사용하였다고 해서 모두 채무자의 승낙을 얻어야 하는 사용행위라고 간주할 수는 없다.

구체적인 사실관계마다 유치권자가 유치물 사용 대가를 어떻게 사용했는지, 유치권자와 제3자의 관계가 어떻게 되는지, 유치권자가 건물을 사용한 형태가 공실로 비워두는 것보다 유치물 유지에 도움이 되는 행위인지 아니면 그보다 가치의 감손이 더 심해 이 정도라면 소유자채무자의 동의가 필요하겠는지 종합적으로 따져봐야 하는 것이다.

일단 제3자가 유치권자에게 차임을 지급하며 살고, 제3자와 유치권자가 도무지 동일 시 할 수 없는 정도로 무관한 사람이라면 유치권 소멸청구 행사 대상이 될 수 있는지 심도 있게 발품을 팔고 접근하는 것이 필요다.

유치권 소멸을 청구할 수 있는 사람

민법 제324조 제3항은 채무자 허락 없이 유치물을 사용·대여·담보 제공한 경우, '채무자'가 유치권 소멸청구권을 행사할 수 있다고 되어 있다. 집주인건축주이 공사계약상 공사대금을 줘야 하는 채무자일 수 있지만, 공사업자 A가 하청 공사업자 B와 계약하여 공사를 진행하는 때도 있다. 하청 공사업자로서는 집주인소유자과 돈 줄 사람채무자, A이 다르다.

또한, 낙찰을 받게 되면 채무자는 전 집주인이지만 소유자는 새로운 매수인이다. 그러면 낙찰을 받은 사람은 '채무자'가 아니니 유치권 소멸 청구권을 행사할 수 없을까?

대법원 판례는 유치권 소멸청구를 할 수 있는 사람에 채무자와 소유자 모두가 포함된다는 취지의 판시를 하고 있다. 다만, 유치권자가 전 소유자에게 이미 부동산을 사용·수익하는데 동의를 얻었다면, 새로운 소유자(낙찰자)에게 유치물을 임대하는데 또 동의받을 필요는 없다는 취지의 대법원 판결도 있다. 이러한 유치권 소멸 청구권은 유치권자의 선관주의의무 위반으로 손해가 발생했는지와 관계없이 행사할 수 있다.

소멸사유 발생 후 소유권 취득한 사람도 소멸청구 가능하다는 판결

대법원 2023. 8. 31. 선고 2019다295278 판결 [건물인도 등]

유치권은 점유하는 물건으로써 유치권자의 피담보채권에 대한 우선적 만족을 확보하여 주는 법정담보물권이다(민법 제320조 제1항, 상법 제58조). 한편 유치권자가 민법 제324조 제2항을 위반하여 유치물 소유자의 승낙 없이 유치물을 임대한 경우 유치물의 소유자는 이를 이유로 민법 제324조 제3항에 의하여 유치권의 소멸을 청구할 수 있다. 민법 제324조에서 정한 유치권소멸청구는 유치권자의 선량한 관리자의 주의의무 위반에 대한 제재로서 채무자 또는 유치물의 소유자를 보호하기 위한 규정이므로, **특별한 사정이 없는 한 민법 제324조 제2항을 위반한 임대행위가 있은 뒤에 유치물의 소유권을 취득한 제3자도 유치권소멸청구를 할 수 있다.**

전 소유자의 승낙 만으로 충분하다는 판결

대법원 2019. 8. 14. 선고 2019다205329 판결 [건물인도]

다. 민법 제324조 제2항의 유치물 사용금지의무에 관한 법리오해 주장

원심은, 유치권자인 참가인이 이 사건 부동산의 종전 소유자인 소외 조합으로부터 위 부동산의 사용 등에 관하여 승낙을 받았고 그 승낙을 받은 범위 내에서 사용 등을 하였음을 전제로, **참가인이 새로운 소유자인 원고로부터 별도의 승낙을 받지 않았다고 하여 민법 제324조 제2항에 따른 유치물 사용금지의무를 위반하였다고 볼 수는 없다고 판단**하였다.

관련 법리와 기록에 비추어 살펴보면, 원심의 위와 같은 판단은 정당한 것으로 수긍할 수 있고, 거기에 상고이유 주장과 같이 유치권 소멸청구에 관한 법리를 오해하는 등으로 인해 판결에 영향을 미친 잘못이 없다.

CHAPTER
6

착각하기 쉬운 유치권의 특징

쪼개지지 않는 권리, 유치권

하나의 공사계약으로 빌라 다섯 동을 지은 공사업자가 공사대금을 받지 못했다. 빌라 한 동에 12세대가 있다면, 총 60개 호수가 있는 것이다.

공사업자가 공사대금을 받기 위해서는 반드시 60채의 빌라에 전부 유치권 행사를 해야 할까? 갑돌이가 이 중 한 채의 빌라를 낙찰 받았다면, 유치권자가 못 받은 공사대금의 60분의 1만 받고 갑돌이가 소유한 빌라의 유치권을 풀어달라고 할 수 있을까?

그렇지 않다. 공사업자는 60채의 빌라 중 단 한 채만 점유하면서도 해당 공사 현장에서 받지 못한 공사대금 전액을 달라고 요구할 수 있다. 갑돌이가 60분의 1에 해당하는 공사대금만 받고 나가 달라는 요구도 애초에 할 수 없다.

유치권의 '불가분성' 때문이다. 불가분不可分, 나눌 수 없다는 뜻이다. 유치권의 효력 강화 차원에서 인정되는 불가분성에 따르면, 받을 돈이 일부라 해서 유치권 행사도 일부만 행사할 수 있는 것이 아니라, 계약상 유치권자가 만들어낸 부동산 전부에 대해서 유치권을 행사할 수 있다.

반대로, 공사장 일부만 점유하더라도 공사 현장에서 발생한 공사대금 전액에 대해서 유치권 행사할 수 있다. 점유하는 곳이 부동산 일부든 전부든 관계없이 못 받은 돈 전액에 대하여 유치권 행사가 가능하다.

빌라 전체 공사로 돈을 받지 못한 유치권자가 있을 때, 막연히 전체 공사대금 중 내가 낙찰 받은 집에 해당하는 공사대금만 내면 유치권을 풀어주겠지 하고 생각하면 안 된다. 유치권자가 먼저 불가분성을 포기하고 매수인에게 제한한다면 가능할 수 있지만, 기본적으로 강제할 수 없는 요구이다.

부동산 일부의 문제, 유치권 전부 소멸시킬까?

여러 개의 필지에 공사를 하고 돈을 받지 못해 유치권을 행사하는 공사업자가 한 개의 필지에 유치권자의 선량한 관리자의 주의의무를 위반하는 행동을 했다면 소유자는 유치권 전체에 대해서 소멸청구를 할 수 있을까? 아니면 선관주의의무 위반과 관련된 일부 필지에 대한 유치권 소멸청구를 할 수 있을까?

여러 개의 부동산에 대한 공사를 통해 받을 돈이 생겼더라도, 한 개의 부동산만 점유해도 전체 공사대금에 대한 유치권 행사가 가능하다고 하니, 반대로 유치권자가 하나의 부동산에서라도 선관주의의무를 위반한다면 전체 부동산에 대한 유치권이 소멸해야 하지 않나 하는 생각이 들기도 한다. 그런데 대법원은 유치권의 불가분성은 유치권의 효력을 '강화'하기 위한 것으로 유치권자를 유익하게 하고자 한 개념이 반대로 유치권자에게 손해가 돼서는 안 된다고 말하면서, 선관주의의무가 위반된 일부 부동산에 대해서만 유치권이 소멸한다고 말한다.

유치권자의 일부 토지에 선관주의의무 위반에 대한 판결

대법원 2022. 6. 16. 선고 2018다301350 판결 [토지인도]

[2] 민법 제324조는 '유치권자에게 유치물에 대한 선량한 관리자의 주의의무를 부여하고, 유치권자가 이를 위반하여 채무자의 승낙 없이 유치물을 사용, 대여, 담보 제공한 경우에 채무자는 유치권의 소멸을 청구할 수 있다.'고 정한다. 하나의 채권을 피담보채권으로 하여 여러 필지의 토지에 대하여 유치권을 취득한 유치권자가 그중 일부 필지의 토지에 대하여 선량한 관리자의 주의의무를 위반하였다면 특별한 사정이 없는 한 위반행위가 있었던 필지의 토지에 대하여만 유치권 소멸청구가 가능하다고 해석하는 것이 타당하다. 구체적인 이유는 다음과 같다.

① 여러 필지의 토지에 대하여 유치권이 성립한 경우 유치권의 불가분성으로 인하여 각 필지의 토지는 다른 필지의 토지와 관계없이 피담보채권의 전부를 담보한다. 이때 일부 필지 토지에 대한 점유를 상실하여도 나머지 필지 토지에 대하여 피담보채권의 담보를 위한 유치권이 존속한다. 같은 취지에서 일부 필지 토지에 대한 유치권자의 선량한 관리자의 주의의무 위반을 이유로 유치권 소멸청구가 있는 경우에도 그 위반 필지 토지에 대하여만 소멸청구가 허용된다고 해석함이 타당하다.

② 민법 제321조에서 '유치권의 불가분성'을 정한 취지는 담보물권인 유치권의 효력을 강화하여 유치권자의 이익을 위한 것으로서 이를 근거로 오히려 유치권자에게 불이익하게 선량한 관리자의 주의의무 위반이 문제 되지 않는 유치물에 대한 유치권까지 소멸한다고 해석하는 것은 상당하지 않다.

③ 유치권은 점유하는 물건으로써 유치권자의 피담보채권에 대한 우선적 만족을 확보하여 주는 법정담보물권이다(민법 제320조 제1항, 상법 제58조). 한편 민법 제324조에서 정한 유치권 소멸청구는 유치권자의 선량한

> 관리자의 주의의무 위반에 대한 제재로서 채무자 또는 유치물의 소유자를 보호하기 위한 규정이다. 유치권자가 선량한 관리자의 주의의무를 위반한 정도에 비례하여 유치권소멸의 효과를 인정하는 것이 유치권자와 채무자 또는 소유자 사이의 이익균형을 고려한 합리적인 해석이다.

공사대금 n분의 1, 언제 할 수 있을까?

유치권의 불가분성을 한 번 정리해보자. 빌라 12세대가 한꺼번에 경매로 나왔다. 전체 물건에 유치권자가 유치권을 신고한다. 유치권자는 12세대 전체를 공사한 공사업자라고 한다. 점유현황조사서를 봤더니 일부 세대는 유치권자와 아무 관련 없는 사람이 점유하고 있고, 전 소유자는 이런 사용에 승낙한 적도 없는 것으로 조사된다.

그런데 갑돌이는 다른 사람이 아닌 유치권자가 직접점유하고 있는 세대를 낙찰 받았다. 유치권자의 선관주의의무 위반이 없는 호수다. 갑돌이는 공사업자에게 공사대금 12분의 1을 줄 테니 자신이 받은 호수에서 유치권을 풀라고 할 수 있을까? 다른 호수를 소유자 허락 없이 마음대로 사용했으니, 자신이 낙찰 받은 호수에 대한 유치권이 소멸했다고 주장할 수 있을까?

일단 갑돌이는 유치권자가 주장하는 빌라 건물 전체 공사대금에서 n분의 1을 하여 갑돌이 소유 세대 공사대금만 주고 유치권을 정리할 순 없다. 또한, 같은 빌라의 다른 호수를 유치권자가 소유자 허락도 안 받고 다른 사람한테 임대했다고 하더라도 갑돌이 부동산에 해당하지 않은 사유이니 유치권 소멸청구를 행사할 수도 없다.

다만, 불가분성을 유치권자가 스스로 포기하는 것은 가능하다. 빌라나 아파트 등 여러 부동산을 한꺼번에 점유하던 유치권자가 특정 호수에 관한 공사대금이 지급되면 유치권을 그 호수에 한해 풀어준다던지 한 사실 등이 밝혀지면 유치권자가 불가분성을 포기한 것으로 특정 호수에 관한 대금 지급만 있으면 유치권도 깨질 수 있다는 주장이 가능하다.

유치권의 불가분성 포기를 인정한 판결

서울동부지방법원 2009. 6. 26. 선고 2008가합13140 판결 [건물명도등]

[1] 민법 제320조 제1항에서 규정하는 '그 물건에 관하여 생긴 채권'은 유치권 제도 본래의 취지인 공평의 원칙에 특히 반하지 않는 한 채권이 목적물 자체로부터 발생한 경우는 물론이고 채권이 목적물의 반환청구권과 동일한 법률관계나 사실관계로부터 발생한 경우도 포함하고, 민법 제321조는 "유치권자는 채권 전부의 변제를 받을 때까지 유치물 전부에 대하여 그 권리를 행사할 수 있다"고 규정하고 있으므로, 유치물은 그 각 부분으로써 피담보채권의 전부를 담보하며, 이와 같은 유치권의 불가분성은 그 목적물이 분할 가능하거나 수개의 물건인 경우에도 적용됨이 원칙이다. 그러나 한편, 유치권은 당사자 사이의 합의에 의하여 얼마든지 포기할 수 있으므로, 채권 발생이 여러 개의 물건과 사이에 견련관계가 인정된다 하더라도 당사자 사이에 그 물건의 하나에 관하여 직접 관련되어 발생한 채권에 한하여 유치권을 인정하기로 하는 특별한 합의가 있는 경우에는 유치권의 행사는 그 범위로 제한되고, 위와 같은 합의는 명시적인 것은 물론 묵시적인 것으로도 가능하다.

[2] 아파트 신축공사를 도급받은 시공사가 공사대금 잔액을 지급받기 위하여 아파트 한 세대를 점유하여 유치권을 행사한 사안에서, 아파트 공급계약 체결 당시 시공사가 각 수분양자로부터 해당 세대의 분양대금을 전액 지급받으면 그 세대를 인도하여 주기로 함으로써 다른 세대에 관하여 발생한 공사대금 채권을 확보한다는 명목으로 분양대금이 완납된 세대에 대하여 유치권을 행사하지 않기로 하는 묵시적인 특별 합의가 있었음이 인정되므로 위 유치권의 피담보채권의 범위는 해당 세대의 미지급 분양대금에 한정된다고 본 사례.

한 건물, 여러 업체가 유치권 행사하는 이유

건축주 A가 B 종합건설과 단독주택 신축공사계약을 체결한다. B 종합건설이 직접 모든 공정을 다하는 경우는 드물다. 철거공사, 터파기공사, 골조공사, 전기공사, 수장공사, 인테리어 공사 등 종합건설사가 공정별로 다른 업체와 공사계약을 체결하는 경우가 상당수다.

일의 완성을 대가로 돈을 지급하기로 하는 계약을 민법상 '도급계약'이라고 한다. 공사계약도 공사의 완성을 대가로 공사비를 지급하기로 하는 계약이다. 건설공사에 관한 도급계약을 체결하면, 일을 맡긴 사람이 '도급인', 일을 맡은 사람이 '수급인'이다.

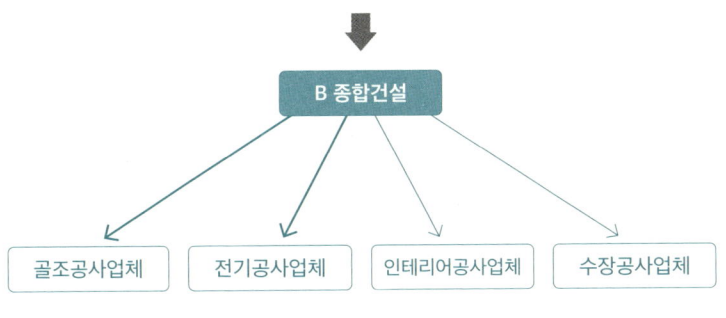

그림 1 하도급계약의 예

공사업자인 수급인이 자기 일을 완성하기 위해 재차 도급계약을 체결하는 것을 두고, '하도급계약'을 체결한다고 표현한다. 이때 B 종합건설을 '하도급인', 공정별 공사업자를 '하수급인'이라고 부른다.

공사업자 여럿이 유치권 행사, 협상은 이렇게!

건축주가 돈을 주지 않으면 B 종합건설도 하수급업자들에게 약속한 공사대금을 줄 수 없다. 그렇다면 하수급업자들도 받을 돈 있다며 유치권을 따로 행사할 수 있을까?

신축 건물에 대한 경매가 진행되면 한 업체가 유치권을 행사할 때도 있지만, 여러 업체가 유치권을 신고하는 때도 있다. 앞에서 든 B 종합건설의 예로 계속해 설명해보겠다.

건축주 A가 공사대금을 주지 않는다. B 종합건설은 공정별 하수급업자에게 약속한 공사대금을 주지 못했다. B 종합건설이 받을 공사대금은 어차피 하수급업자들에게 줘야 할 돈이다. 경매 절차에서 B 종합건설뿐만 아니라 C, D, E 등의 공사업자가 각자 다른 부분에서 유치권을 행사한다.

낙찰자 갑돌이는 C, D, E와는 별다른 접촉 없이 B 종합건설과 공사대금 합의해 지급한다. 자연스럽게 C, D, E도 유치권을 풀 걸로 기대했다. 그러나 현장에 가보니 여전히 C, D, E의 유치권 행사가 계속되고 있다. 갑돌이는 B 종합건설에 돈을 다 줬는데 무슨 유치권 행사냐고 따져 묻는다.

C, D, E는 B 종합건설로부터 한 푼도 공사대금을 받은 적이 없다고 주장한다. 이 때 갑돌이는 B 종합건설이 하수급업자들에게 공사대금을 다 지급할 때까지 기다리거나 새롭게 하수급업자들과 합의해야 한다. 대법원이 하수급업자들의 독립적인 유치권도 모두 인정해주기 때문이다. 하수급업체는 독립적인 유치권 행사가 가능하며 불가분성 역시 행사할 수 있다.

따라서 여러 업체의 유치권이 난립하고 있는 현장에는 반드시 구심점이 되는 사람이 있는지, 업체마다 상황이 달라 이해관계가 서로 엇갈리지는 않는지를 사전에 조사해야 한다.

위 사례에서 갑돌이는 B 종합건설과 합의할 때 B 종합건설에게 합의금을 지급함과 동시에 B 종합건설이 다른 업체의 유치권을 모두 해결하여 부동산을 갑돌이에게 완전히 넘겨줄 수 있다는 확답을 받아놨어야 한다. 다시 말해, B 종합건설이 다른 건설업체를 데리고 낙찰 부동산에서 함께 나가지 않는 한 약속한 돈도 줄 수 없다는 취지의 합의가 필요하다.

보통은 수급업체와 하수급업체의 이해관계가 첨예하게 다를 일이 잘 없다. 그러나 둘 사이의 관계가 나빠졌다거나 하는 등의 사유가 있으면, 갑돌이와 같이 난감한 상황에 빠질 수 있다.

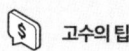 **고수의 팁**

의도적으로 발생시킨 유치권, 다른 빚쟁이에게 해가 되어 인정되지 않을 때

민사 유치권은 선순위 저당권이 있더라도 경매 절차상 매수인에게 행사할 수 있다. 따라서 유치권은 "시간에서 앞선 사람은 권리에서도 앞선다."는 일반적인 법원칙의 예외에 해당한다. 그러다 보니 기왕에 점유 중인 사람이 고의로 유치권이 있는 것과 같은 상황을 연출한 뒤, 덜컥 유치권을 신고해 선순위 담보가 있는 사람을 해하는 결과를 발생시키는 경우도 있다.

따라서 대법원은 이미 경제적으로 상황이 악화된 소유자의 상황을 뻔히 알고, 그대로라면 소유자에게 받을 돈을 회수하기 어려운 상황에서 선순위 담보물권자에게 해가 될만한 상황임을 알고도 의도적으로 유치권이 발생하도록 조건을 만들어낸 경우 이는 권리의 남용에 해당한다고 보아 인정하지 않기도 한다.

필자의 경험상 오로지 위와 같은 사유 하나로 유치권을 깨기란 쉽지 않으나, 법원의 주의를 환기하는 차원에서 주장할 가치가 있는 대법원 판례이다.

대법원 2011. 12. 22. 선고 2011다84298 판결 [유치권부존재확인]

[1] 우리 법에서 유치권제도는 무엇보다도 권리자에게 그 목적인 물건을 유치하여 계속 점유할 수 있는 대세적 권능을 인정한다(민법 제320조 제1항, 민사집행법 제91조 제5항 등 참조). 그리하여 소유권 등에 기하여 목적물을 인도받고자 하는 사람(물건의 점유는 대부분의 경우에 그 사용수익가치를 실현하는 전제가 된다)은 유치권자가 가지는 그 피담보채권을 만족시키는 등으로 유치권이 소멸하지 아니하는 한 그 인도를 받을 수 없으므로 실제로는 그 변제를 강요당하는 셈이 된다. 그와 같이 하여 유치권은 유치권자의 그 채권의 만족을 간접적으로 확보하려는 것이다. 그런데 우리 법상 저당권 등의 부동산담보권은 이른바 비점유담보로서 그 권리자가 목적물을 점유함이 없이 설정되고 유지될 수 있고 실제로도 저당권자 등이 목적물을 점유하는 일은 매우 드물다. 따라서 어떠한 부동산에 저당권 또는 근저당권과 같이 담보권이 설정된 경우에도 그 설정 후에 제3자가 그 목적물을 점유함으로써 그 위에 유치권을 취득하게 될 수 있다. 이와 같이 저당권 등의 설정 후에 유치권이 성립한 경우에도 마찬가지로 유치권자는 그 저당권의 실행절차에서 목적물을 매수한 사람을 포함하여 목적물의 소유자 기타 권리자에 대하여 위와 같은 대세적인 인도거절권능을 행사할 수 있다. 따라서 부동산 유치권은 대부분의 경우에 사실상 최우선순위의 담보권으로서 작용하여, 유치권자는 자신의 채권을 목적물의 교환가치로부터 일반채권자는 물론 저당권자 등에 대하여도 그 성립의 선후를 불문하여 우선적으로 자기 채권의 만족을 얻을 수 있게 된다. 이렇게 되면 유치권의 성립 전에 저당권 등 담보를 설정받고 신용을 제공한 사람으로서는 목적물의 담보가치가 자신이 애초 예상·계산하였던 것과는 달리 현저히 하락하는 경우가 발생할 수 있다. 이와 같이 유치권제도는 "시간에서 앞선 사람은 권리에서도 앞선다"는 일반

적 법원칙의 예외로 인정되는 것으로서, 특히 부동산담보거래에 일정한 부담을 주는 것을 감수하면서 마련된 것이다.

유치권은 목적물의 소유자와 채권자와의 사이의 계약에 의하여 설정되는 것이 아니라 법이 정하는 일정한 객관적 요건(민법 제320조 제1항, 상법 제58조, 제91조, 제111조, 제120조, 제147조 등 참조)을 갖춤으로써 발생하는 이른바 법정담보물권이다. 법이 유치권제도를 마련하여 위와 같은 거래상의 부담을 감수하는 것은 유치권에 의하여 우선적으로 만족을 확보하여 주려는 그 피담보채권에 특별한 보호가치가 있다는 것에 바탕을 둔 것으로서, 그러한 보호가치는 예를 들어 민법 제320조 이하의 민사유치권의 경우에는 객관적으로 점유자의 채권과 그 목적물 사이에 특수한 관계(민법 제320조 제1항의 문언에 의하면 "그 물건에 관한 생긴 채권"일 것, 즉 이른바 '물건과 채권과의 견련관계'가 있는 것)가 있는 것에서 인정된다. 나아가 상법 제58조에서 정하는 상사유치권은 단지 상인 간의 상행위에 기하여 채권을 가지는 사람이 채무자와의 상행위(그 상행위가 채권 발생의 원인이 된 상행위일 것이 요구되지 아니한다)에 기하여 채무자 소유의 물건을 점유하는 것만으로 바로 성립하는 것으로서, 피담보채권의 보호가치라는 측면에서 보면 위와 같이 목적물과 피담보채권 사이의 이른바 견련관계를 요구하는 민사유치권보다 그 인정범위가 현저하게 광범위하다.

이상과 같은 사정을 고려하여 보면, 유치권제도와 관련하여서는 거래당사자가 유치권을 자신의 이익을 위하여 고의적으로 작출함으로써 앞서 본 유치권의 최우선순위담보권으로서의 지위를 부당하게 이용하고 전체 담보권질서에 관한 법의 구상을 왜곡할 위험이 내재한다. 이러한 위험에 대처하여, 개별 사안의 구체적인 사정을 종합적으로 고려할 때 신의성실의 원칙에 반한다고 평가되는 유치권제도 남용의 유치권 행사는 이를 허용하여서는 안 될 것이다.

[2] **채무자가 채무초과의 상태에 이미 빠졌거나 그러한 상태가 임박함으로써 채권자가 원래라면 자기 채권의 충분한 만족을 얻을 가능성이 현저히 낮**

아진 상태에서 이미 채무자 소유의 목적물에 저당권 기타 담보물권이 설정되어 있어서 유치권의 성립에 의하여 저당권자 등이 그 채권 만족상의 불이익을 입을 것을 잘 알면서 자기 채권의 우선적 만족을 위하여 위와 같이 취약한 재정적 지위에 있는 채무자와의 사이에 의도적으로 유치권의 성립요건을 충족하는 내용의 거래를 일으키고 그에 기하여 목적물을 점유하게 됨으로써 유치권이 성립하였다면, 유치권자가 그 유치권을 저당권자 등에 대하여 주장하는 것은 다른 특별한 사정이 없는 한 신의칙에 반하는 권리행사 또는 권리남용으로서 허용되지 아니한다. 그리고 저당권자 등은 경매절차 기타 채권실행절차에서 위와 같은 유치권을 배제하기 위하여 그 부존재의 확인 등을 소로써 청구할 수 있다고 할 것이다.

[3] 채무자 甲 주식회사 소유의 건물 등에 관하여 乙 은행 명의의 1순위 근저당권이 설정되어 있었는데, 2순위 근저당권자인 丙 주식회사가 甲 회사와 건물 일부에 관하여 임대차계약을 체결하고 건물 일부를 점유하고 있던 중 乙 은행의 신청에 의하여 개시된 경매절차에서 유치권신고를 한 사안에서, 경매개시결정 기입등기가 마쳐지기 전에 임대차계약이 체결되어 丙 회사가 건물 일부를 점유하고 있으며, 丙 회사의 甲 회사에 대한 채권은 상인인 丙 회사와 甲 회사 사이의 상행위로 인한 채권으로서 임대차계약 당시 이미 변제기에 도달하였고 상인인 丙 회사가 건물 일부를 임차한 행위는 채무자인 甲 회사에 대한 상행위로 인한 것으로 인정되므로, 丙 회사는 상사유치권자로서 甲 회사에 대한 채권 변제를 받을 때까지 유치목적물인 건물 일부를 점유할 권리가 있으나, 위 건물 등에 관한 저당권 설정 경과, 丙 회사와 甲 회사의 임대차계약 체결 경위와 내용 및 체결 후의 정황, 경매에 이르기까지의 사정 등을 종합하여 보면, 丙 회사는 선순위 근저당권자인 乙 은행의 신청에 의하여 건물 등에 관한 경매절차가 곧 개시되리라는 사정을 충분히 인식하면서 임대차계약을 체결하고 그에 따라 유치목적물을 이전받았다고 보이므로, 丙 회사가 선순위 근저당권자의 신청에 의하여 개시된 경매절차에서 유치권을 주장하는 것은 신의칙상 허용될 수 없다고 본 원심판단을 수긍한 사례.

CHAPTER
7

유치권 신고된 부동산, 특수물건으로 수익 내기

수익을 만드는 체계적 임장

하늘 아래 똑같은 사건은 없다. 그간 진행한 유치권 사건 중 해결 방법이 완전히 같은 사건이란 없었다. 그러나 지나온 성공 사례를 모아보니 점유와 피담보채권(못 받은 돈)을 주제로 유치권을 깨트리는 쟁점들이 공식처럼 보인다.

성공 사례의 주인공인 의뢰인들은 담당 변호사보다 100배는 열정적이다. 피 같은 돈이 들어간 본인의 물건이니 제대로 가닥을 잡아 파고들면 승률 높은 사실관계를 캐온다. 유치권은 법에서 만

들어진 권리다. 법은 체계적이고, 체계적인 사실관계의 수집임장은 상대방이 주장하는 유치권의 허점을 짚어낸다.

점유

점유한 사람

점유가 직접점유였는지, 간접점유였는지 먼저 확인한다. 간접점유라면 임대차 계약상 임대인이 유치권자가 맞는지, 맞다면 채무자의 승낙을 받은 상황인지 추가 조사가 필요하다.

점유 장소

점유를 어디에서 했는지도 살펴볼 필요가 있다. 경매 대상 목적물 그 자체가 아니라 인근에 컨테이너를 가져다 두고 컨테이너를 오가며 유치물을 관리했다고 주장하는 일도 있다. 아주 가까운 거리가 아니라면 그러한 점유는 지적할 만한 부분이다.

점유 시작일

점유를 언제부터 했는지도 중요하다. 압류의 처분금지효에 저촉되는 유치권 주장일 수도 있기 때문이다. 경매 중간에 갑자기 유치권이 신고된 경우라면 더더욱 포털 검색 사이트가 제공하는 거리뷰나 현황조사서, 매각물건명세서 등에 유치권자의 점유가 확인될만한 사정이 있는지 이중 삼중으로 조사해야 한다.

불법점유

점유를 어떤 방식으로 시작했는지도 알아볼 필요가 있다. 공사를 완성해 소유자에게 완전히 부동산을 인도한 뒤에, 공사대금이 계속 입금되지 않자 소유자 동의도 없이 쳐들어가 유치권을 행사하는 일도 있다. 하수급업자 중에도 공정상 매우 앞서 공사를 마무리한 뒤 공사 현장을 한참이나 떠나있다가, 공사대금이 들어오지 않자 갑자기 유치권을 행사하는 때도 있다.

아무런 잠금장치가 되어 있지 않음을 이유로 슬쩍 부동산에 들어와 점유를 개시한 것은 아닌지 조사한다. 보통 이런 내용은 전 소유자가 낙찰자에게 억울한 나머지 적극적으로 알리기도 한다.

살았나, 들여다보기만 했나?

유치권자가 점유를 어떤 방식으로 한 것인지도 확인한다. 단순히 유치물을 왔다갔다가 하면서 관리하고 유지·보존한 것인지, 아니면 본인이 들어와 거주하며 산 것인지 조사해야 한다.

후자라면, 유치권자가 거주하면서 발생한 차임은 공사대금에서 공제해야 한다고 지적해본다. 법적으로는 낙찰자가 유치물의 소유권을 취득한 때부터만 공사대금에서 차임을 '상계'할 수 있다. 전 소유자가 소유권을 가지고 있던 시절은 낙찰자 본인에게 발생한 차임 청구권이 아니라 직접 상계는 어렵다.

전 소유자가 소유권을 가지고 있던 시절 발생한 차임은 현재의 소유자가 '공제' 주장을 할 수 있다는 취지의 오래된 하급심 판례가 있다. 실무를 하면서 늘 이 하급심 판례를 원용했고 이를 인정할 수 없다고 지적한 재판부는 아직 없었다.

유치권자가 사용한 기간만큼의 차임은 주장하는 공사대금에서 충분히 깎아볼 수 있는 성격의 돈이고 공사대금을 줄이거나 기간이 길다면 '0원'으로 만들 수도 있으니 반드시 확인할 부분이다.

점유하던 부동산 개수가 줄어들었나?

여러 세대를 한 번에 공사하여 공사대금을 주장하는 유치권자가 처음에는 전체 세대에 유치권을 행사하다가 한 세대씩 점유를 풀어주진 않았는지 확인해볼 필요가 있다. 유치권의 불가분성 포기로 지적할 만한 행동이 있지 않은지 살펴보는 것이다.

만약, 이렇게 수십 세대의 공사계약상 공사대금을 받지 못했다는 유치권자의 '불가분성 포기'를 끄집어낼 수 있다면, 공사대금을 세대마다 특정해 유치권을 행사한 것이라고 주장해 볼 수 있다. 공사대금을 n분의 1로 줄일 수 있어 매우 중요한 사실관계이다.

못 받은 돈

공사한 곳

일단 어디에 대한 공사대금인지, 공사를 실제로 했는지를 확인해볼 필요가 있다. 몇몇 소송에서는 B 공사 현장의 공사대금을 A 공사 현장에서 유치권의 피담보채권으로 주장하는 일도 있었다. 이는, 견련성이 없어 받을 돈_{피담보채권}의 요건을 충족하지 못한다.

다만, 위와 같은 주장은 상법상 상인들 사이에서 주장할 수 있는 '상사유치권'에서는 가능하다. 상사유치권은 상인 간에 발생한 채권을 담보하기 위해 인정되는 유치권이다.

상사유치권은 견련성은 필요 없지만 반드시 채무자 본인의 물건에 대한 유치권을 행사해야 하고, 선행 저당권이 있는 경우 민사 유치권과 다르게 매각으로 소멸해 보통 일반 부동산 경매에서 주장되고 다퉈지는 경우가 많지 않다. 참고로, 이 책에서 다룬 민사 유치권은 받을 돈에 대한 견련성이 필요한 대신, 유치권자가 점유하는 부동산이 돈을 줄 의무가 있는 채무자 소유의 부동산일 필요는 없다.

공사한 때

공사를 언제 하였는지도 한번 살펴볼 필요가 있다. 소멸시효가 완성되도록 공사대금 받는 것을 게을리하는 공사업자는 잘 없긴 하지만, 쉴 새 없이 여러 공사 현장을 돌아다니며 생업을 해야 하는 영세한 공사업체는 간혹 소멸시효를 놓치기도 한다.

전 소유자(채무자)와 유치권자 관계

채무자와 유치권자가 어떤 관계인지도 한 번 살펴볼 필요가 있다. 서로 매우 잘 알고 있는 사이라면 공사대금을 서로 짜 맞춰 이야기할 수도 있기 때문이다.

허위의 유치권이 신고되면 여러 차례 유찰된다는 사정은 이미 경매계에는 널리 알려진 사실이다. 집주인이 본인의 집을 경매로 날리지 않고 싶어 지인과 짜고 지인 명의로 허위의 유치권을 신고하는 사례도 종종 있다. 아예 없는 공사대금은 아니지만 금액을 부풀리는 일도 허다하다.

소유자로부터 또는 소유자의 다른 재산으로부터 이미 상당한 금액을 받았음에도 불구하고 원래대로의 공사대금을 신고하는 때도 많다. 공사대금이 얼마나 나왔는지 가장 크게 관심을 둘 사람은 경매에 넘어가기 직전까지도 공사업자를 제외하면 오로지 돈 줄 사람건축주밖에 없다. 전 소유자와 소통할 수 있다면, 유치권자가 신고한 공사대금이 적절한지를 반드시 확인해볼 필요가 있다.

채무자가 유치권을 주장하는 사람과 계속해 연락을 주고받았는지도 살펴볼 필요가 있다. 가끔은 거액의 돈을 갚지 못한 사람들이 어느 날부턴가 종적을 감추기도 한다. 공사업자와 아주 오랜 시간 연락이 되지 않은 사람도 많다. 돈 갚을 사람이 종적을 감춘다면, 돈 받을 것이 있는 사람은 자기 마음대로 계산하기 쉽다. 때로는 거액의 채무를 갚을 의지를 상실한 채무자가 아예 유치권자가 부르는 대로 공사대금이 있다고 인정하고 연락을 끊기도 한다. 어차피 자기는 못 갚을 돈이니, 새로운 매수인에게나 돈을 받아가라는 심산이다.

이런 정황은 공사대금이 허위로 부풀려졌다고 지적할 만한 내용이다. 채무자가 행방불명된 사이 유치권자가 제3자에게 유치물을 대여임대차해 준 사정까지 덧붙여진다면, 유치권 소멸사유가 되기도 한다. 채무자가 행방불명된 상태이거나 오랫동안 유치권자와 연락이 닿지 않았다면, 유치권자가 채무자로부터 유치물 사용·수익에 대한 승낙서를 받지 않았을 확률이 매우 높아지기 때문이다.

 고수의 팁   공사대금 특정 방법

전 소유자와 만나는 게 도무지 불가능한데, 아무리 생각해도 유치권자가 주장하는 받을 돈이 너무 과하다는 생각이 들면 어떨까? 낙찰자가 아무리 조사를 잘해도 공사계약의 당사자만큼 발생한 공사대금을 잘 알기란 어렵다.

공사대금을 0으로 만들 법적인 별개 전략이 있다면, 굳이 못 받은 공사대금에 대해서 세세하게 다툴 필요가 없다. 그렇지 못하다면 결국 잔존 공사대금이 구체적으로 얼마인지 법원의 판결을 받아두는 편이 좋다. 종국적인 해결을 위해서는 객관적인 공사대금을 알아야 하기 때문이다.

이런 때는 공사업자에게 공사대금의 존재를 전적으로 입증하게 만드는 유치권부존재확인의 소를 제기하는 것도 한 방법이 된다. 대법원에서 위 소송에서는 유치권자 본인이 유치권을 성립시키는 점유와 받을 돈이 있다는 사정을 입증하라고 하기 때문이다.

유치권부존재확인 소송이 시작되면 유치권자는 자기에게 공사대금이 얼마나 발생했고 얼마 남아 있는지를 객관적인 서류들로 밝혀야한다. 가끔 너무 오래된 공사 현장에서 유치권을 주장했던 공사업자들은 상당수의 서류를 폐기하여 이러한 입증을 원활하게 하지 못하는 때도 있다.

공사업자들이 입증을 못 한다고 해서 공사대금이 없다고 인정되긴 어렵다. 다만, 재판이 지지부진한 상황을 고려해 재판부에서는 공사업자가 주장하

는 공사대금을 감액해 합의안을 제시하기도 하다.

대법원 2016. 3. 10. 선고 2013다99409 판결 [유치권부존재확인]

[1] 민사집행법 제268조에 의하여 담보권의 실행을 위한 경매절차에 준용되는 같은 법 제91조 제5항에 의하면 유치권자는 경락인에 대하여 피담보채권의 변제를 청구할 수는 없지만 자신의 피담보채권이 변제될 때까지 유치목적물인 부동산의 인도를 거절할 수 있어 경매절차의 입찰인들은 낙찰 후 유치권자로부터 경매목적물을 쉽게 인도받을 수 없다는 점을 고려하여 입찰하게 되고 그에 따라 경매목적 부동산이 그만큼 낮은 가격에 낙찰될 우려가 있다. 이와 같이 저가낙찰로 인해 경매를 신청한 근저당권자의 배당액이 줄어들거나 경매목적물 가액과 비교하여 거액의 유치권 신고로 매각 자체가 불가능하게 될 위험은 경매절차에서 근저당권자의 법률상 지위를 불안정하게 하는 것이므로 위 불안을 제거하는 근저당권자의 이익을 단순한 사실상·경제상의 이익이라고 볼 수는 없다. 따라서 근저당권자는 유치권 신고를 한 사람을 상대로 유치권 전부의 부존재뿐만 아니라 경매절차에서 유치권을 내세워 대항할 수 있는 범위를 초과하는 유치권의 부존재 확인을 구할 법률상 이익이 있고, 심리 결과 유치권 신고를 한 사람이 유치권의 피담보채권으로 주장하는 금액의 일부만이 경매절차에서 유치권으로 대항할 수 있는 것으로 인정되는 경우에는 법원은 특별한 사정이 없는 한 그 유치권 부분에 대하여 일부패소의 판결을 하여야 한다.

[2] 소극적 확인소송에서는 원고가 먼저 청구를 특정하여 채무발생원인 사실을 부정하는 주장을 하면 채권자인 피고는 권리관계의 요건사실에 관하여 주장·증명책임을 부담하므로, **유치권 부존재 확인소송에서 유치권의 요건사실인 유치권의 목적물과 견련관계 있는 채권의 존재에 대해서는 피고가 주장·증명하여야 한다.**

공사 전후 돈 빌려준 은행

공사 전후로 유치물을 담보로 한 대출 계약이 있었는지 등기사항증명서를 살펴본다. 특히 공사 직후 유치물을 담보로 은행의 근저당권이 설정되었다면, 은행이 유치권 포기 각서를 받아두기도 한다.

유치권 포기각서는 상대인 은행뿐만 아니라 만인에게 효력이 있으니, 낙찰자의 손에 들어온다면 매우 유리한 서류가 된다. 다만, 각서상 여러 '조건'이 붙어 있다면 조건이 성취되어야 유치권 포기도 효력이 발생하니, 포기각서의 존재만 듣고 섣불리 유치권을 반드시 깰 수 있겠다고 단정을 지어서는 안 된다.

호수마다 공사대금 특정한 서류

마지막으로, 유치권자가 아파트나 빌라를 지어놓고 여러 세대에 대해 한꺼번에 유치권을 행사한다면, 유치권자가 세대별로 공사대금을 따로 책정해 요구한 사정은 없는지도 살펴볼 필요가 있다. 유치권의 불가분성으로 인해, 신축 빌라 12세대를 지어 이 중 하나의 세대만 점유하더라도 유치권자는 12세대 전부에 대한 신축 공사대금을 달라고 요청할 수 있다.

유치권자가 한 세대당 공사대금을 따로 책정해두었고, 점유조차도 이미 공사대금이 완납된 세대는 풀어준 사정 등이 있다면 유치권자가 스스로 불가분성을 포기한 것이라고 지적해볼 수 있다.

유치권이 신고된 물건의 체크리스트

점유	피담보채권
직접 or 간접?	어디와 관련된(무엇에 대한) 공사대금채권인가(견련성)?
간접? 누구와 계약했는가? 누구의 허락을 받았는가?	언제 공시했는가(소멸시효)?
점유를 어디에서 했는가?	채무자와 공사업자는 어떤 관계인가? (다른 공사현장, 일부 변제 가능성, 통모가능성)
언제부터 점유했는가? (압류의 처분금지효)	채무자는 공사업자와 줄곧 연락했는가? (채무자의 행방불명 가능성)
어떻게 점유를 시작했는가? (불법점유 가능성)	공사전후로 대출계약 등이 있었는가? (유치권 포기 각서 존재 가능성)
점유를 어떤 방식으로 했는가? (사실적 지배 or 사용수익)	공사비를 나누어 청구한 것은 아닌가? (불가분성의 포기)
점유 방식의 변경이 없었는가? (불가분성의 포기)	

◆ 성공 사례 ◆

사례 1) 고급빌라 한 채로 20억 원 이상의 수익

서울에서 유명한 고급 주택가의 한 빌라가 경매로 나왔다. 유치권이 신고된 물건이었다. 이미 유치권자가 유치권이 존재한다는 판결과 공사대금이 존재한다는 판결을 여러 차례 받아둔 상태였다.

이 사건 매각물건명세서의 비고란을 읽어보니 A건설이 받을 돈이 최종적으로 24억 원에 가깝다고 유치권을 신고했다.

그런데 점유자로 B라는 사람이 확인되었다. 유치권자와 어떤 관계인지 확인이 필요하다. B는 전입 신고일이 2010. 6. 1.이고 말소기준 권리는 2007. 9. 12. 근저당권으로, B가 매수인에게 대항력을 행사할 수 있는 제3자는 아니었다. 그러나 B가 2010. 6. 1.부터 전입해 거주해오고 있다면, 경매사건이 진행된 2016년 기준으로 무려 6년 이상 유명한 고급빌라에서 산 것이다. 발생한 차임은 없을까?

점유현황조사서상 B의 '가족'이 살고 있다고 나왔다. 실제로 B의 딸이 집행관과 면담을 한 사정도 있었다. 아무래도 B의 가족이 A건설과 무슨 관계인지 깊게 조사해야했다. 이 물건은 한때 우리나라에서 가장 월세가 높은 부동산으로 꼽히기도 했다. 신문 기사를 통해 검색할 수 있었는데, 최대 월 1천만 원의 차임까지 받을 수 있는 물건이었다.

유치권자가 24억 원이나 되는 공사대금을 받지 못했다고 신고했다. 월세를 1천만 원까지 받을 수 있는 부동산에서 공짜로 B의 가족을 살게 했을까? 만약, 임대차 계약을 체결했다면 유치권자 A건설은 소유자로부터 동의받아야 한다.

여기서 눈여겨 볼 만한 자료가 있었다. 바로 문건송달 내역이다. 소유자 C에게 경매개시결정정본이 발송되었지만 '기타송달불능'이 되었고, 이후 인천국제공항출입국관리사무소, 외교통사부, 서울출입국관리사무소 등에 사실조회서가 발송된 것으로 확인됐다. 아마도 국내에서 C의 소재지를 발견하는 게 쉽지 않았던 모양이다. 소유자 C의 소재지가 확인되지 않는데, 유치권자라고 C와 연락이 닿았을까? 만약, 유치권자조차도 C와 연락을 계속해 취하지 못했다면 유치권자는 동의 없이 유치물을 무단으로 대여했을 가능성이 있다.

2015.07.29	소유자1	개시결정정본 발송	2015.08.13 도달
2015.08.05	기타	인천국제공항출입국관리사무소 사실조회서 발송	2015.08.07 도달
2015.08.05	기타	외교통상부 영사서비스과 영사지원팀 사실조회서 발송	2015.08.07 도달
2015.08.25	등기소	서울출입국관리사무소 사실조회서 발송	2015.08.28 도달

이 사건은 쉽지 않은 소송이었다. 유치권자가 이미 여러 건의 판결을 통해 유치권이 존재한다고 인정받았는데, 담당판사도 이를 뒤집는 판단은 하기 쉽지 않았을 거다.

경매 절차에서 제공되는 여러 서류를 통해 B에 대한 유치물의 대여에 A건설은 채무자_{소유자}의 동의 받지 않았을 가능성이 높다고 봤다.

소장도 이러한 내용을 중심으로 구성되었는데, 담당 판사는 첫 변론기일에 필자의 지적이 타당한 면도 있지만 앞선 판결을 뒤집는 판결을 하긴 어렵겠다고까지 말했다. 24억 원이나 되는 공사대금을 깎아내기 위해 상당한 노력이 필요했다. 유치권 불가분성의 묵시적 포기, B 가족이 유치물을 사용·수익한 데에 따르는 차임의 공제 등 수백 장의 서면을 제출한 뒤에야 판사의 선입견을 벗겨낼 수 있었다.

유치권자는 유치권 소멸청구와 관련해 B 가족이 유치권자의 '직원'이라고 강조했다. 그러나 직원이라면 모름지기 4대 보험이 가입되어 있다던가, 연속적으로 월급을 지급한 사정이 객관적인 서류로 뒷받침되어야겠지만, A 건설은 쉽사리 이런 서류를 제출하지 못했다. 유치권자가 주장하는 공사대금도 건물 전체에 대한 공사대금인지 아니면 특정 호수에 대한 공사대금인지 불명확했다.

한편, 유치권자는 12세대 중 오로지 3개 호수에 대한 공사대금 판결을 각각 받아두었다. 경매목적물에 인정된 공사대금은 3억 원에 불과했고, 유치권자가 불가분성을 스스로 포기했다고 볼만한 정황도 여럿 발견되었다. B가 전입한 2010. 6월부터 이 부동산에는 전기·수도 사용량이 꾸준히 발생했다. 웬만한 4인 가족이 살아왔다고 볼 수 있는 수준이었다. 2010. 6월부터 발생한 차임을 공사대금 3억 원에서 공제하니, 오히려 의뢰인이 받아야 할 차임이 있는 것으로 계산됐다.

유치권자는 C가 행방불명되어 공사대금을 받아내기 쉽지 않았다고 주장했다. C로부터 B 가족이 유치물에 사는데 동의받지 않았다는 걸 반대로 드러낸 것이다. 의뢰인의 승소였다. 판결 이유는 받을 돈이 없다고 여러 논리로 지적한 것이 무색하리만큼, 소장에서 지적한 내용이 곧 판결 이유가 되었다. C의 동의를 받지 않고 A 건설이 B 가족에게 유치물을 대여했고, 의뢰인이 낙찰 받은 이후에도 여전히 B 가족이 살고 있었는데 새로운 소유자 역시 이러한 대여에 동의한 사실이 없어 유치권 소멸청구 사유가 발생했다는 것이다.

감정가 25억 원 기준으로 의뢰인은 유치권자의 공사대금을 고려해 10억 원 초반대에 이 물건을 낙찰 받았다. 고급빌라이고 세대 수가 많지 않아 정확한 시세를 말하는 데 어려움이 있지만 적어도 30억 원 후반대까지 가격이 올랐다. 이 사건은 경매 절차에서 제공하는 서류로 특이점을 발견해볼 수 있는 물건이기도 했고, 의뢰인 본인이 대단히 치열하게 발품을 팔아 정보를 수집해왔다. 관련된 인물들을 빠짐없이 거의 다 만나본 거다. 무엇보다 경매

절차 전반과 관련한 법률용어 공부를 충분히 한 분이었다. 이러한 공부가 뒷받침되니 손품과 발품을 어떻게 팔아야 하는지에 대한 이해가 있었고, 실행력까지 뒷받침되어 소송에 제출할 만한 훌륭한 증거들을 수집했다.

본인이 당사자인 특수물건 소송의 흐름을 공부를 통해 사전에 많은 부분을 알고 있어 소송에 차분하게 대응했고, 결국 큰 수익이 발생했다.

사례 2 시세보다 10억 원 저렴하게 산 서울의 목 좋은 호텔

서울 중구의 한 호텔을 낙찰 받은 의뢰인이 있었다. 임차인 P라는 사람이 건물 인테리어 및 건물 방수공사를 하였다며 공사대금 3억 원에 대하여 유치권을 신고했다. 임장을 다녀온 의뢰인의 눈에 건물이 매우 낡았었다. 3억 원이나 들여 최근 공사한 건물로 보기는 어려웠다.

임차인 P는 대항력이 없었다. 임차인으로서 2억 5천만 원에 임대차 계약을 체결했다며 권리신고를 했다. 사업자등록과 확정일자까지 마쳐둔 진짜 임차인처럼 보였다. 그러나 등기부를 보니 의

아한 점이 드러났다. 경매를 신청한 것은 근저당권자 S은행이다. S은행이 경매를 신청하기 2주 전에 임차인 P는 사업자등록을 하고 확정일자도 받았다. 경매신청이야 임대인이 말해주지 않으면 모르는 일이라 할 수 있다.

그러나 경매개시결정 기입등기 말고도 호텔 건물의 등기부는 건물 주인의 사정이 매우 열악했음을 알 수 있는 등기가 여럿 있었다. 먼저, 서울 상수도 사업본부 ○○ 사업소의 압류 등기가 있었다. 오죽하면 물세도 못 내 압류등기가 됐을까. 웬만한 임차인은 이런 건물에 보증금을 2억 원이나 주고 임대차 계약을 할 리가 없다. 게다가 3억 원이나 들여 인테리어 공사를 했다니. 임차인 P의 정체가 의심스러울 수 밖에 없다.

건물 주변을 임장하던 의뢰인은 주인을 알 만한 사람과 이야기를 나눴다. 그리고 매우 중요한 힌트를 얻었다. 바로, 임차인 P가 건물 주인의 아내라는 것이다. 이제야 이상한 임대차 계약 체결의 앞뒤가 맞아떨어진다. 등기에서는 집주인의 사정이 매우 열악하다는 정보가 넘쳐났다. 경매가 개시되기 직전 거액의 보증금을 주고 이해할 수 없는 공사를 했다고 유치권 신고를 한 것은 아마도 남편 명의의 건물이 쉽사리 남에게 넘어가지 않도록 하려는 데서 시작됐을 거다.

건물은 약 50억 원 정도에 감정됐다. 의뢰인은 유치권 신고한 임차인 P, 그 외 대항력 없는 임차인이지만 집행이 필요할 수 있는 3명의 임차인들을 고려해 30억 원 후반 대에서 낙찰을 받았다.

유치권이 신고된 물건에서 부동산 인도명령은 때로는 시간만 잡아먹는 절차가 될 수 있다. 곧바로 소송으로 진행하는 것이 나은 사실관계도 있지만, 이 사건은 인도명령으로 다퉈볼만 했다. 임차인 P가 유치권 신고한 서류만 봐도 매우 허술했다. 어디를 공사했다는 건지도 알기 어려웠고, 경매 절차에서 임차인 P가 점유를 한 사실들이 잘 드러나지도 않았다. 물론, 의뢰인의 인도명령 신청에 임차인 P가 제대로 된 답변도 하지 않았다.

인도명령신청 후 두 달도 지나지 않아 인도명령은 인용되었고, 유치권은 싱겁게 해결되었다.

사례 3 문서 하나로 사라진 7억 원의 유치권

서울의 한 아파트가 경매에 나왔다. 이 사건은 특이한 점이 유치권자가 유치권을 직접 신고한 적이 없다는 것이다. 법원 집행관이 현황조사를 나갔더니 B업체의 유치권 행사 경고문이 확인되었다는 매각물건명세서 비고란의 내용이 있었다. 경고문 내용에는 무려 7억 원이나 되는 공사대금이 법원 판결에서 확인되었다는 내용이 기재되어 있었다. 그러나 법원현황조사상 경고문 말고는 정확히 누가 아파트를 점유하고 있는지 알기 어려웠다.

못 받은 돈이 7억 원이나 된다는데, 점유는 허술하다. 받을 돈이 얼마 없으니 또는 받기 어려운 사정이 있어 점유도 대충한 건 아닐까? 법원문건송달내역상 근저당권자 A씨가 유치권배제신청서를 낸 사정도 있었다. 유치권배제신청서가 있다고 해서 유치권이 정말 없다고 단정 지을 수 없다. 다만, 뭔가 다툴 거리가 있다는 하나의 신호로 볼 수 있다.

유치권 신고가 제대로 안 된 물건이었는데, 경매가 한참 진행된 무렵 유치권을 넘겨받았다는 A업체의 신고가 있었다. 법인등기를 떼보니, 유치권을 넘긴 B업체와 A업체는 인적 구성이 비슷했다. B

업체의 대표이사가 A업체의 감사이고, B업체의 감사가 A업체의 사내이사가 되어 누가 봐도 같은 사람들이 법인 껍데기만 갈았구나 하고 느낄 정도였다. 뭐하러 B업체로 계속해서 유치권 행사하면 되지 A업체를 다시 만들어 유치권 넘기며 복잡한 상황을 만드는건지 갸우뚱하게 만들었다.

의뢰인이 이 물건을 낙찰 받고 경매기록을 열람했을 때, 근저당권자가 제출한 유치권배제신청서에는 '유치권 포기 각서'가 있었다. 유치권을 넘긴 B업체의 유치권포기각서였다. 대출은행에 써준 유치권포기각서였는데, 그 어떤 조건이나 단서도 붙지 않았다. 유치권을 포기한다는 한 줄짜리 각서였다. 유치권 포기각서는 누구한테 써줬는지가 중요하지 않다. 일단 '포기'를 했다는 사실이 중요할 뿐이다.

경매에서 잔금을 모두 내고 의뢰인은 곧바로 부동산인도명령을 신청했다. A업체가 유치권을 양수받았다며 신고를 하긴 했지만, 점유현황조사서나 매각물건명세서에서 그나마 점유를 하는 것으로 볼만한 업체는 B업체 뿐이었다. B업체의 유치권포기각서를 제출해 이 아파트에 대한 유치권은 B업체에 존재하지 않는다고 주장했다. 분명 B업체에 부동산인도명령신청을 한 것인데, 유치권을 양수한 A업체가 득달같이 부동산인도명령 절차에 의견서를 제출했다.

유치권포기각서는 대출은행에 써준 것이고, 훗날 대출은행으로부터 회수했으므로 효력이 없다는 취지였다. 포기 각서는 한 번 쓰면 끝이다. 포기를 한 이상, 모든 사람들에게 유치권은 주장할 수 없는 권리가 된다. 포기 각서를 써 준 상대방에게 회수를 했다고 해서 상황이 달라지지 않는다.

법원에서 B업체에 대한 부동산인도명령이 받아들여졌다. 현장에 가니 당연히 A업체 사람들이 있어 집행이 이루어지지 않았다. 다만, 부동산 인도명령은 낙찰대금을 낸 날로부터 6개월 이내면 여러번이라도 할 수 있다. 법원에 A업체가 존재하지도 않은 유치권을 B업체로부터 받아서 아파트를 점유하고 있다고 A업체를 상대로 다시 부동산인도명령을 신청했다. 법원에서는 단 일주일만에 A업체에 대한 부동산 인도명령 결정이 내려졌다.

A업체에 대한 부동산 인도명령을 받아 다시 한번 집행에 나섰

고, 결국 인도집행을 완료해 의뢰인은 자칫 7억 원의 유치권을 다 툴뻔한 물건을 6개월만에 인도 집행까지 마무리 할 수 있었다.

사례 4 유치권을 깨트린 임차인의 권리신고서

인천의 어느 한 상가를 감정가 대비 3분의 1에 낙찰 받아온 의뢰인이 있었다. 의뢰인은 인도명령신청을 했지만 1심에서 패소했다. 항고하여 진행 중이었지만, 소송으로 진행하는 것이 빠르겠다 싶은 사건이었다. 이 사건의 유치권자는 여러 꾀를 내는 사람이었다. 경매절차에서 여러 말을 하고 다양한 서류를 제출했다. 유치권자의 다양한 말들은 전부 기록으로 남아 결국 유치권이 인정되지 않는데 중요한 근거가 됐다.

의뢰인이 받은 물건은 상가였는데, 이 상가는 구분상가로 한 건물의 특정 호수였다. 경매는 건물 전체가 나왔다. 유치권자는 집행관이 현장을 방문했을 당시, 20개가 넘는 호수에 서로 다른 임차인이 점유중이라고 밝혔다. 본인은 임차인을 통해 간접점유 중이라고 진술했다. 그런데 유치권자는 무슨 생각이었는지 의뢰인이 낙찰 받은 호수에 주식회사 ○○의 대리인이 되어 권리신고 및 배당요구신청서를 제출했다. 의뢰인이 낙찰 받은 호수에는 ○○주식회사가 소유자와 임대차계약을 체결해 점유 중이라는 것이다.

소유자와 ○○주식회사가 임대차 계약을 체결했으면, 임대차계약을 통해 간접적으로 점유하는 사람은 소유자 뿐이다. 유치권자는 계약상 임대인이 아니므로 간접점유한다는 주장이 어렵다. 이 점을 지적해 소장을 제출했다. 유치권을 주장하는 사람에게 점유가 없으니 유치권도 없다는 취지였다. 그 때부터 유치권자는 갖가지 다양한 주장을 펼치기 시작했다. ○○주식회사는 사업자등록을 위해 임대차 계약을 체결했지만, 실제로 의뢰인이 낙찰 받은 상가를 점유한 사실이 없다는 것이었다. ○○주식회사의 대표이사는 유치권자를 도와줄 생각이었는지 직접 진술서를 내기까지 했다.

본인이 돌려받지 못한 공사대금이 얼마나 많은지에 대해서 유치권자는 소송에서 적어도 수 천장 이상의 서류를 제출했다. 양을 잔뜩 부풀려서 내면 아마도 상대방 변호사가 지레 지쳐 안 볼까 싶었나 보다. 경매절차상 권리신고를 하며 ○○주식회사는 임대차계약에 기해 차임(월세)을 언제까지 어떻게 지급했다고까지 주장했다. 이제와 갑자기 ○○주식회사가 사업자등록을 위해 임대차

계약을 형식상 만들어냈다는 주장은 앞뒤가 맞지 않았다.

　유치권자가 제출한 공사대금이 발생했다는 수천장의 서류는 서로 맞지 않는 내용 투성이었다. 공사대금을 실제로 받을게 있는지도 의문이었다. 유치권과 관련된 여러 소송을 해보았지만, 법원에서도 받을 돈이 수억이라는 사람의 말에 귀를 기울일 수밖에 없다. 낙찰자는 선입견과 싸워야 한다. 유치권이 인정되지 않아 얻는 수익은 법원이 보기에는 일종의 불로소득처럼 느껴지는 것 같다.

　그래서 여러 강의를 다니며 필자는 단순히 '점유'가 부실한 것 같다 해서 유치권 쉽게 깨지겠구나 하고 단정짓지 말라고 강조한다. 이 사건도 마찬가지였다. 점유 자체가 문제되지만, 유치권자가 제출한 서류에 비추더라도 공사대금 받을 게 없는 사람이라는 점을 강조했다. 심지어 유치권자는 다른 상가 낙찰자들과 여러 차례 합의해 이미 공사대금이라고 주장하는 금액 중 상당 금액을 회수했으면서도 재판 끝까지 자신은 공사대금을 한 푼도 회수하지 못했다고 말했다. 법원에서는 결국 의뢰인의 손을 들어주었다. 경매 사건에서 제출된 여러 서류에 비춰볼 때, 유치권자는 직접 부동산을 점유한 적도 없고, ○○주식회사의 대표이사의 진술도 이에 맞지 않아 믿기 어렵다는 취지였다.

사례 5 다른 공사장에서 발생한 공사대금을 주장한 유치권자

경매에서 흔히 문제되는 것은 민법상 유치권이다. 간혹, 상법상 인정되는 유치권을 주장하는 경우도 있다. 상사 유치권의 다른 점이라면 크게 두 가지를 꼽을 수 있다. 일단 유치권을 행사하는 부동산에서 발생한 피담보채권이지 않아도 된다. 다만, 유치권 행사 부동산은 돈을 갚지 못한 사람의 소유여야 한다. 민법상 유치권은 피담보채권이 발생한 물건이라면 반드시 돈을 갚아야 하는 사람의 소유일 것을 요구하지 않는다.

공사업자가 구로동 현장과 봉천동 현장에서 공사를 했다고 해보자. 두 현장 모두 A와 계약했을 때, 공사업자는 봉천동 현장에서 받지 못한 공사대금을 구로동 현장에 신축된 건물을 점유하며 유치권을 행사할 수 있을까?

민법상 유치권이라면 행사가 어렵다. 봉천동 현장의 공사대금은 구로동 현장과 상관없는 공사대금이기 때문이다. 그러나 구로동과 봉천동 공사 현장에서 신축된 건물이 모두 A의 것이라면 유치권자는 구로동 공사현장에서 상사유치권을 행사하며 봉천동 현장에서 받지 못한 공사대금을 받아야 구로동 건물의 유치권을 풀 수 있다고 주장할 수 있다.

의뢰인이 낙찰 받은 아파트는 구로동의 것이었다. 유치권자는 이미 여러 차례 공사대금과 관련한 소송에서 승소판결을 받았다. 심지어 경매로 낙찰 받았던 전 소유자가 유치권자를 상대로 유치권이 없으니 건물을 인도하라는 소송을 진행했지만 패소했다.

소송을 진행하며 전 소유자가 진행한 건물인도 사건과 공사대금 사건의 기록들을 전부 살펴보았다. 이 사건에서 유치권자는 처음엔 구로동 현장에서 받지 못한 공사대금이 많다고 주장했다. 그러나 건축주가 지급한 공사대금 내역을 보니 법적으로 대부분 구로동 공사현장에 충당되어야 할 돈이였다. 계산상 구로동 현장에서 유치권자가 받지 못한 공사대금은 없었다. 이러한 주장에 유치권자는 구로동 공사현장의 공사대금을 모두 받았더라도, 본인은 봉천동 공사현장에서 받지 못한 돈이 있으니 상사유치권을 행사할 수 있다고 주장했다.

문제는 유치권이 성립하기에 앞서 A은행의 근저당권이 설정되어 있었다는 점이다. 민사 유치권은 선행 근저당권이 있더라도 경매 종료 시에 살아남아 낙찰자에게 행사할 수 있다. 그러나 상사 유치권은 아니다.

상사 유치권은 선행 근저당권이 존재하여, 경매 절차에서 근저당권이 말소되면 유치권도 함께 소멸한다. 유치권의 피담보채권이 반드시 해당 부동산에 관하여 발생해야 하는 요건이 필요하지 않다는 점 때문에 미리 설정된 근저당권의 담보가치를 뒤의 상사 유치권이 떨어뜨려서는 안 된다는 것이 대법원 판례의 설명이다.

전 소유자가 낙찰 받은 경매절차에서 유치권자보다 앞서 설정된 근저당권이 존재했다. 전 소유자가 경매로 낙찰 받으며 선행 근저당권이 말소되었고, 유치권자가 주장하는 상사유치권은 결국 소멸한 상태였다. 유치권자가 승소한 여러 건의 판결들이 있음에도 이전 소송에서 다뤄지지 않았던 사실관계를 새롭게 주장해 이긴 사례였다.

선행 저당권이 있는 경매 절차에서 소멸하는 상사유치권

대법원 2013. 2. 28. 선고 2010다57350 판결 [유치권존재확인]

상사유치권은 민사유치권과 달리 피담보채권이 '목적물에 관하여' 생긴 것일 필요는 없지만 **유치권의 대상이 되는 물건은 '채무자 소유'일 것으로 제한되어 있다**(상법 제58조, 민법 제320조 제1항 참조). 이와 같이 상사유치권의 대상이 되는 목적물을 '채무자 소유의 물건'에 한정하는 취지는, 상사유치권의 경우에는 목적물과 피담보채권 사이의 견련관계가 완화됨으로써 피담보채권이 목적물에 대한 공익비용적 성질을 가지지 않아도 되므로 피담보채권이 유치권자와 채무자 사이에 발생하는 모든 상사채권으로 무한정 확장될 수 있고, 그로 인하여 이미 제3자가 목적물에 관하여 확보한 권리를 침해할 우려가 있어 상사유치권의 성립범위 또는 상사유치권으로 대항할 수 있는 범위를 제한한 것으로 볼 수 있다.

즉 상사유치권이 채무자 소유의 물건에 대해서만 성립한다는 것은, 상사유치권은 성립 당시 채무자가 목적물에 대하여 보유하고 있는 담보가치만을 대상으로 하는 제한물권이라는 의미를 담고 있다 할 것이고, 따라서 유치권 성립 당시에 이미 목적물에 대하여 제3자가 권리자인 제한물권이 설정되어 있다면, 상사유치권은 그와 같이 제한된 채무자의 소유권에 기초하여 성립할 뿐이고, 기존의 제한물권이 확보하고 있는 담보가치를 사후적으로 침탈하지는 못한다고 보아야 한다. 그러므로 **채무자 소유의 부동산에 관하여 이미 선행(先行)저당권이 설정되어 있는 상태에서 채권자의 상사유치권이 성립한 경우,** 상사유치권자는 채무자 및 그 이후 채무자로부터 부동산을 양수하거나 제한물권을 설정받는 자에 대해서는 대항할 수 있지만, **선행저당권자 또는 선행저당권에 기한 임의경매절차에서 부동산을 취득한 매수인에 대한 관계에서는 상사유치권으로 대항할 수 없다.**

사례 6 오래된 공사현장만 지키고 있었던 유치권자

공사업자들 중 공사대금의 소멸시효가 3년으로 짧다는 사정을 모르는 사람은 드물어 보인다. 필자가 진행했던 사건 중 소멸시효 기간이 지나 유치권이 깨진 사례가 많지는 않다. 지급명령이나 판결을 받아두거나 하다 못해 돈 줄 건축주_{채무자}로부터 공사대금 받을 게 얼마 있다는 서류_{채무승인서}를 받아두어 시효기간이 중단되도록 하기 때문이다.

제3자인 낙찰자로서는 건축주와 공사업자간에 이런 서류가 만들어졌는지에 대해서 알기 어렵다. 오래된 공사현장이라 해서 공사대금 소멸시효가 완성됐겠다는 추측만으로 유치권을 쉽게 깨버릴 수 있다고 단정해서는 안 되는 이유다.

의뢰인이 수도권의 한 빌라를 통째로 낙찰 받았다. 경매에서 유치권을 행사하는 사람은 K뿐이었다. K와의 법적 공방의 주된 논지는 다른 사건에 비해 다소 특이한 부분이 있었다. 다름이 아니라 K가 본격적인 소송에서는 낙찰 받은 부동산은 등기상 전 소유자들의 것이 아니라 자신의 소유라고 주장한 것이다. 원칙적으로 자신의 노력과 재료를 들여 건물을 건축한 사람은 최초 건물의 소유자가 된다. 등기 없이도 건물이 생기자마자 취득한다 해서 원시취득한다고 표현한다.

　건축업자는 당연히 자신의 비용과 노력 그리고 재료를 들여 건물을 짓는다. 그러나 보통의 건물신축계약 시 건축주_{도급인} 명의로 건축허가를 받아 건축주 명의의 소유권보존등기를 하기로 하는 합의가 담겨 있다. 이러한 합의 등이 있으면 건축업자가 아니라 건축주가 원시취득하여 소유권이 있다고 본다. 그런데 이 사안에서 K는 그러한 합의가 없었고, 의뢰인들이 낙찰 받은 건물은 건축주_{전 소유자} 것이 아니라 K 소유라고 주장했다. K는 경매절차 자체가 문제가 있다고도 지적했다.

　일단 이 주장대로라면 K는 유치권을 주장할 수는 없다. 남의 물건에 돈을 들여 받지 못해 행사하는 것이 유치권인데 자기 부동산에 돈을 들였다고 주장하는 상황이니 유치권이 인정되기 어려운 상황이었다. K가 워낙 맹렬히 이 소송 저 소송을 제기했지만 설령 건물이 본인 소유라 하더라도 전 건축주 명의로 등기가 되어 있었고, 유효한 소유권을 취득한 제3자인 의뢰인들에게 자기 부동산이니 내놓으라는 법적인 주장은 설득력이 떨어졌다.

낙찰 받은 물건에 관하여 인도집행을 하려하자, 경매 절차에서 나타나지 않았던 J가 건물의 한 호수에 본인이 유치권을 행사하고 있다며 소송을 제기했다. J는 K와 골조공사계약을 체결한 하수급업자였다. 그러나 문제는 J가 공사를 한지 너무나 오래되었다는 점이다. J는 본인이 공사를 한 사실에 대해서 객관적인 서류도 제출하지 못했다.

K는 J가 정말 공사한 사람이 맞다며 법정에 나와 증언도 해주었다. 그러나 K가 증언한 시점은 이미 J가 공사를 마치고 4년 8개월이나 지난 시점이었다. 소멸시효가 이미 완성되어 공사대금을 주지 않아도 되는 K가 자진해서 소멸시효 완성 효과를 포기하는 행위를 한 것이다. K는 공사대금을 J에게 줘야 한다며 말만 하면 그 뿐이지만, 그 때문에 J는 유치권의 성립요건 중 하나인 '받을 돈' 요건이 부활한다. 즉, 낙찰자인 의뢰인 입장에서는 K의 진술만으로 유치권을 깰 수 없게 된 것이다.

유치권을 정면으로 다룬 사례는 아니지만, 가등기와 관련된 대법원 판례 중에는 이미 이해관계인이 발생한 상태에서 채무자가 소멸시효이익 포기 행위를 한 때에 다른 이해관계인에게 그 효과가 미치지 않는다는 취지의 내용이 있다. 필자는 이 판례를 들며 소멸시효가 완성된 상태에서 낙찰자가 이미 등장한 이후에서야 채무자가 제 멋대로 소멸시효 이익을 포기한 행위는 이해관계인에 해당하는 낙찰자에게 그 효과가 발생할 수 없다고 주장했다.

J가 못 받았다고 주장하는 금액은 2억 원 후반대였다. 담당 재판부는 필자의 지적이 일리가 있다고 보면서도 영세하고 법에 무지한 J가 거액의 공사대금을 못 받는 것도 안타까운 일이니 4천만 원 수준에서 합의를 하는게 어떻겠는지 권했다. J는 영세하기도 했지만 실질적으로 빌라 한 호수의 문만 잠궈놓았을 뿐 해당 호수를 사용한 사실도 없어 의뢰인들이 차임 상당의 부당이득을 묻기도 어려웠다. 시간이 지날수록 손해가 커지는 건 의뢰인들이였기에 빠른 시일 내에 합의해 부동산을 인도받는게 낫다고 보고 합의안을 받아들였다.

사례 7 산양산삼대금을 달라는 유치권자

어떤 의뢰인이 강원도의 꽤 큰 토지를 낙찰 받았다. 유치권 신고 되어 있는 토지였는데, 공사대금으로 주장하는 돈이 7억 원이 넘었다. 유치권자를 상대로 토지인도소송을 제기했다. 경매 절차에 제출된 유치권자의 공사대금 내역은 의아한 부분이 많았다. 의뢰인이 낙찰 받은 토지에는 건물이 없었다. 인근 토지에 여러 개의 펜션이 있었는데, 유치권자가 제출한 공사대금의 내용은 펜션 보수 비용이었다. 허위 유치권자라는 직감이 드는 문건이었다.

의뢰인 토지에는 건물이 없는 나대지라는 점을 들어 유치권자가 받을 돈이 없다고 지적했다. 그런데 유치권자는 갑자기 전 소유자와 본인이 산양산삼을 재배하기 위해 토지 임대차 계약을 체결했고, 산양산삼 재배를 위하여 비닐하우스나 정자도 만들었다며 토지에 심어진 산양산삼 값과 비닐하우스 및 정자 값을 유치권의 피담보채권으로 주장하겠다고 나섰다.

대항력 있는 토지 임차인이 아니므로 낙찰자에게 임차권을 주장할 수 없다고 먼저 지적했다. 산양산삼이나 비닐하우스 값을 달라는 것은 민법상 지상물매수청구권으로 해석되었다. 그러나 지상물 매매대금을 두고 토지에 발생한 돈이라고 보기는 어려웠다.

지상물매수청구권은 견련성이 없으므로 토지 유치권 행사가 어렵다고 지적했다. 한편, 토지 임료감정을 위해 감정평가사가 직접 토지에 다녀와 쓴 감정평가서에는 의뢰인이 낙찰 받은 토지는 오랫동안 경작을 하지 않은 묵전이라고 쓰여 있었다. 산양산삼 자체가 존재할리 없던 것이다. 이쯤 되자 위기를 느꼈던 건지 유치권자는 갑작스레 사실은 땅 밑에 하수처리시설 공사를 다 했다며 견련성 있는 공사대금이 있다고 했다. 그러나 공사를 완료했다는 시점은 이미 5년 전으로 공사대금의 소멸시효가 문제 되었다.

공사를 실제로 했는지도 의문이었지만, 공사를 했다 하더라도 공사대금은 소멸시효가 완성된 것으로 보였다. 유치권자가 3년 전쯤 건축주에게 공사대금을 달라는 내용증명을 보낸 사실이 있었는데, 이는 민법상 최고에 해당하고 소멸시효가 중단되기 위해서는 최고 후 6개월 이내에 소송을 제기하던지 가압류 등의 조치를 추가로 더 취해야 한다. 유치권자는 그러한 본격적인 시효중단 행위를 하였는지에 대해서 아무런 증거를 대지 못했다.

법원은 유치권자가 주장하는 공사가 실제 진행되었는지 조차 믿기 어렵고, 진행되었다 하더라도 공사대금의 소멸시효가 완성하였으므로 유치권을 인정하기 어렵다고 판단했다.

사례 8 엉터리로 계산된 공사대금 때문에 날라간 유치권

한강이 잘 보이는 빌라가 경매로 나왔다. 유치권이 신고되어 있었는데 못 받은 공사대금이 8억 원이라고 했다. 지연이자가 많이 쌓여 받아야 할 총 공사대금은 15억 원이라고 했다. 빌라가 지어진 지 10년 가까이 된 상태라 소멸시효가 완성된 것은 아닌지 의심되었지만, 공사업자는 전 주인을 상대로 부동산 가압류를 해두고 지급명령도 받아두었다. 지급명령은 돈 받을 게 있는 사람이 채무자를 상대로 하여 법원에 받을 돈이 있음을 확인해 달라는, 소송보다는 간단한 제도다. 법원은 지급명령을 신청한 사람이 채무자에게 받을 돈이 있어 보이면 한 두 달 내로 지급명령을 내려준다.

지급명령이 내려지면 법원은 채무자에게 지급명령문을 보내준다. 채무자가 지급명령문을 받고도 2주간 이의를 제기하지 않으면, 지급명령은 판결문과 같은 효력이 발생한다. 지급명령을 가지고 채무자의 부동산에 경매신청도 할 수 있다.

이 사건에서 특이한 점은 전 주인이 공사업자의 지급명령에 대해서 이의를 제기하였다가 취소해버린 사정이었다. 지급명령에 이의를 제기하게 되면 정식 소송절차로 넘어가게 된다. 집주인이 뭔가 할 말이 있었지만 이내 포기한 듯한 느낌이 들었다. 공사업자가 제3자를 살게 한 흔적이 있어 유치권소멸청구를 해보려 했으나 제3자는 자기의 직원이라며 4대 보험 가입 및 월급 지급 자료를 제출했다.

점유를 파고들기 힘든 조건이었다. 원점으로 돌아와 유치권자가 주장하는 공사대금 8억 원이 실제로 발생했는지 검토하기 시작했다. 유치권자가 제출한 공사자료상 공사대금은 들쭉날쭉했다. 전 집주인은 공사 중간마다 공사대금이 얼마나 발생했는지에 대해서 공사업자에게 보고 받고 싸인을 해줬는데, 어느 시점부터는 확인서가 없었다. 전 집주인을 증인으로 법정에 불렀다. 증인 신문이 시작되고 처음에는 유치권자가 진짜 공사를 한 사람이 맞다는 내용으로 한참이나 불리한 진술을 했다. 이대로 지는 건가 싶었다. 그런데 질문을 자꾸 던지다 보니 전 집주인은 공사업자가 들인 공사비용이 얼마인지 어느 순간 관심이 없어졌다는 뉘앙스였다.

유치권자가 지급명령을 신청하기 전후 전 집주인을 찾아갔다고 했다. 못 받은 공사대금에 대해 전 집주인의 확인을 받기 위해서였다. 전 집주인은 이미 자신이 더는 소유권 행사하기 어려운 집이라 판단해 공사비 내역이 좀 과하다는 생각이 들었지만, 어차피 본인은 줄 수도 없는 돈이라 유치권자가 해달라는 대로 공사비 발생 확인서를 써줬다고 했다.

유치권 사건에서는 전 집주인의 이런 태도를 흔치 않게 볼 수 있다. 경매에 넘어갈 집인데다 본인은 공사업자에게 돈을 줄 수 없는 형편이니 공사업자가 새로운 소유자에게 공사비를 넉넉히 받아가라는 심산으로 허위 서류에 싸인을 해주기도 한다. 이 점을 집중적으로 추궁하고 강조했다. 유치권자는 공사를 얼마나 했고 공사비를 중간에 어느 정도 정산받았는지 제대로 끝끝내 말하지 못했다. 법원은 유치권자가 최초 신고했던 공사대금 원금의 절반, 즉 4억 원에 합의할 것을 권했다.

의뢰인은 빌라를 싸게 낙찰 받았고 소송하는 동안 부동산 가격이 대단히 많이 상승한 지역이라 빨리 합의하여 부동산을 인도받기를 원했다. 유치권자도 딱히 뾰족한 수가 없다고 느꼈는지 법원의 합의안을 받아들였다.

사례 9 엉뚱한 상대방을 고른 유치권자

충청도 바닷가의 한 땅이 경매에 나왔다. 땅 위에는 공사가 중단된 건물들이 있었는데 겨우 1층 골조공사가 끝난 콘크리트 노출 그대로의 구조물이었다. 주변에서 어업장비 사업을 크게 하던 의뢰인이 땅을 눈여겨 보다고 낙찰 받았다. 건물 공사를 진행한 공사업자는 유치권 행사를 했다. 의뢰인이 토지를 낙찰 받자 공사업자는 의뢰인을 상대로 유치권이 존재하는 것을 확인해달라는 소송을 제기했다. 필자는 이 사건의 2심을 맡아 진행했다.

의뢰인은 같은 지역의 한 변호사를 찾아가 1심 소송을 진행했다. 매우 치열하게 다퉜는데 의뢰인이 패소했다. 필자가 기록을 살펴보니 말 그대로 너무 열심히 다툰게 오히려 독이 됐다. 공사대금과 점유가 존재하지 않는다며 다퉜지만, 이 사건은 유치권의 기본적인 조건을 다툴 사건이 아니었다.

이미 눈치를 챈 독자도 있을 것이다. 의뢰인은 토지를 낙찰 받았다. 그러나 공사업자는 토지 공사를 했다고 주장하지 않았다. 건물 공사를 진행한 것이다. 경매 절차상 건물이 다른 사람의 소유라 매각대상 물건에서 제외되었다. 법정지상권이 성립하는 건물이 아니어서 토지 소유자 입장에서는 어차피 철거를 요청해야 하는 구조물이었다. 건물 공사가 진행된 것은 맞았지만, 토지는 원래 등기상 지목이 대지로 공사 전후로 형질변경이 일어난 사정도 없고, 토지에 관한 공사가 진행되지도 않았다.

건물에 관한 유치권을 행사하는 것이라면 모를까, 토지에 대해서는 유치권을 주장할 수 없는 상황으로 점유나 피담보채권의 존부를 다툴 필요도 없었다. 2심은 1심 법원의 판단을 뒤집어 의뢰인의 손을 들어 주었다.

 고수의 팁

허위 유치권자에 대한 형사고소의 득과 실

유치권 신고는 진정한 공사업자가 하는 때도 있지만, 들인 돈이 얼마 안 되거나 받을 돈이 없는데도 유치권을 행사하는 사람이 신고하는 때도 많다.

이래저래 유치권이 신고되면 경매나 공매에서 그 누구도 부동산을 제값 주고 사려 하지 않는다. 유치권자가 달라는 돈을 주지 않으면 부동산을 사용할 수 없으니 유치권자가 요구하는 돈을 고려해 입찰가를 정할 수 밖에 없다.

그렇다면 경매절차에서 공사대금이 부풀려지거나 존재하지도 않는 유치권으로 손해를 얻는 사람은 누구일까? 다름 아닌 경매를 신청한 사람들 내지는 경매에서 집주인에게 받을 돈이 있다며 배당을 요구한 채권자들이다.

10억 원짜리 부동산에 1순위로 근저당권을 설정하고 8억 원을 대출한 은행이 있다. 경매 절차 개시 전 갑작스러운 유치권 행사가 시작되었고 신고된 금액이 4억 원이라면 이 토지는 6억 원 내외에서 낙찰될 것이다.

깨끗한 토지라 믿고 8억 원을 대출한 은행은 1순위 근저당권자여도 6억 원에 토지가 낙찰되면, 결국 2억 원 또는 그 이상의 이자를 손해 보게 된다.

허위의 유치권 신고는 매수 희망자들이 입찰을 포기하게 만들거나 저가에 부동산이 낙찰되게 한다. 경매 절차를 방해하는 행위다. 형법 제315조는 위계 또는 위력 기타 방법으로 경매 또는 입찰의 공정을 해한 자에게 2년 이하의 징역 또는 700만 원 이하의 벌금에 처하도록 규정하고 있다.

유치권자를 상대로 부동산을 인도하라는 소송을 하거나 유치권이 존재하지 않는다는 소송을 진행할 때, 의뢰인들은 유치권자를 경매방해죄로 형사 고소하여 압박을 가하는 것이 어떻겠는지 자주 묻는다.

유치권자를 형사 고소하는 것은 신중한 접근이 필요하다. 민사소송과 함께 형사고소가 진행되어 조금 더 빠르게 유치권자와 협상이 마무리된 예도 물론 있다. 그러나 수사가 지지부진하고 결론적으로 경매방해죄 성립도 되지 않는다면, 건물 인도를 구하는 민사소송에도 별로 좋지 못한 영향을 줄 수 있다.

공사대금이 명확히 적음을 알고 있음에도 이를 부풀려 허위 유치권을 신고하거나, 점유 자체를 한 적이 없는데도 유치권을 신고한 때에는 경매방해의 고의가 인정될 수 있다. 법률적 쟁점이 다양하게 얽혀 있어 유치권 신고한 본인도 유치권이 최종적으로 법원의 판단을 받아 유치권이 성립하지 않는다는 것을 알았다면 경매방해 고의가 인정되기 쉽지 않다.

PART **2**

소유권 뺏어가는 선순위 가등기

선순위 가등기의 경고

낙찰 받아도 언제든지 소유권을 뺏길 수 있는 물건은 '선순위 가등기'가 인수되는 부동산이다.

> 등기된 부동산에 관한 권리 또는 가처분으로 매각으로 그 효력이 소멸되지 아니하는 것
> 갑구 순위 7번 소유권이전등기청구권 가등기(2021. 09. 10. 등기)는 말소되지 않고 매수인이 인수함. 만약 가등기된 매매예약이 완결되는 경우에는 매수인이 소유권을 상실하게 됨. 매수인에게 대항할 수 있는 을구 순위 1번 주택임차권등기(2023. 9. 14. 등기, 임대차보증금 210,000,00원)있음. 배당에서 보증금이 전액 변제되지 아니하면 잔액을 매수인이 인수함.

그림 2 선순위 가등기를 경고하는 매각물건명세서

소유권을 빼앗긴다니 어떻게 하면 이런 물건을 미리 알고 피할 수 있을까? 너무 걱정할 필요 없다. 매각물건명세서에 '등기된 부

동산의 권리로 매각으로 효력을 잃지 아니하는 것' 난에 낙찰자^{매수인}가 인수하는 등기로 법원은 분명하게 표시해준다. 말소기준권리보다 앞선 '소유권이전등기청구권 보전을 위한 가등기'는 인수 대상이다. 가등기는 가등기권자가 훗날 소유권이전등기를 하더라도, 등기순위는 가등기 순위로 못 박아 두기 위해 해둔다.

가등기권자가 가등기 순위에 따라 소유권을 취득하면 뒷순위 등기들은 모두 지워진다. 낙찰자의 소유권이전등기도 마찬가지로 지워져 낙찰자는 소유권을 잃는다.

선순위 가등기 물건 해결법

가등기가 있는 부동산은 언제든지 소유권을 빼앗길 우려가 있어 웬만한 사람은 사지 않는다. 소유권을 빼앗기지 않고 부동산을 제 가치로 올리려면 가등기를 지워야 한다. 가등기를 협상으로 지우기란 쉽지 않다. '가등기 말소 소송'을 가등기권자를 상대로 진행해, 가등기가 허위라거나 그 외 법률적으로 지워져야 할 등기라는 점을 강조해 승소하면 판결문만으로 낙찰자는 가등기를 일방적으로 지울 수 있다. 가등기 말소 소송에서 패소하면 전 집주인 또는 경매 절차에서 배당 받아 간 사람들을 상대로 낙찰대금을 내놓으라는 취지의 소송을 할 수 있지만 완전한 회수를 장담하기란 어렵다.

어떤 독자는 선순위 가등기 있는 물건을 원수에게도 권하면 안 되는 무서운 특수물건이라고 표현한다. 맞다. 선순위 가등기 있는 부동산은 필자도 위험성 높은 물건으로 소송을 하면서도 까다롭다는 느낌을 받는다. 반면에 이런 점 때문에 가등기 있는 물건은 다른 물건에 비해서 유찰회수가 많아 아주 싼 가격에 낙찰받을 수 있다. 가등기에 기한 본등기가 되면 소유권도 잃고 투자금 회수도 쉽지 않으니 비싼 가격에 낙찰 받아선 안 된다.

시세의 4분의 1이나 5분의 1 정도 또는 그보다도 낮게 낙찰 받아 가등기 말소 소송에서 승소해 가등기를 지워 멀쩡한 물건으로 만들면 상당한 수익이 발생한다. 어려운 특수물건이지만 성공 사례들도 있다.

가등기는 누가 하는지, 어떤 힘이 있는지, 가등기가 인수되었더라도 어떤 부분을 다투면 지워질 수 있는지 살펴보자.

가등기, 왜 하는 걸까?

나중에 소유권 등기할 사람의 가등기

누군가의 토지를 사고 싶지만, 당장 매매대금 전액을 주고 소유권 등기를 이전해올 여력이 되지 않을 때가 있다. 이 때, 등기 '순위'만 미리 맡아두고자 가등기를 해둘 수 있다. 가등기권자가 소유권이전등기를 해가지 않는 동안 토지는 여전히 가등기를 설정해준 소유자 것이다.

가등기권자가 소유권이전등기_{본등기}를 하지 않는 동안 소유자는 은행이나 지인으로부터 돈을 빌리면서 토지를 담보로 근저당권을 설정할 수도 있고, 더 나아가 토지를 다른 사람에게 팔아넘길 수도 있다. 가등기권자가 소유권을 받아 가겠다 하고 소유권 등기를 하면 소유자가 설정해둔 가등기 뒤의 등기들은 모두 지워진다_{이론적으로 가능하나, 가등기 있는 부동산을 사거나 담보로 잡을 제3자는 실무적으로 잘 없다}.

선순위 가등기가 있는 부동산을 낙찰 받은 사람의 소유권이전등기도 가등기에 뒤에 기재되니, 가등기권자의 소유권이전등기_{본등기} 시 당연하게 지워져야 할 등기에 불과하다.

돈 빌려준 사람의 가등기

말소기준 권리보다 앞서는 가등기지만 경매절차가 종료하면 지워지는 등기가 있다. 바로 '담보 가등기'이다. 담보 가등기는 돈을 빌려주고 부동산을 담보하기 위해 설정한 가등기다. 경매 절차상 가등기권자가 본인이 받을 돈이 얼마인지 밝히면, 경매법원은 가등기권자가 돈을 받기 위해 등기를 해둔 사람으로 배당 받아야 하는 채권자로 분류한다. 저당권이나 가압류·압류 등기와 같이 담보 가등기는 경매 절차가 종료하면 말소된다.

돈을 빌려주고 저당권근저당권 아니라 가등기를 설정하는 이유는 무엇일까?

예를 들어보자. 팥쥐가 콩쥐에게 1억 원을 빌려주는 데 콩쥐가 가진 재산이라고는 1억 원짜리 단독주택 한 채 밖에 없다. 팥쥐는 콩쥐 단독주택에 '가등기'를 해두고 갚을 날에 콩쥐가 돈을 갚지 못하면, 단독주택에 소유권이전등기본등기를 하면서 콩쥐 집을 자기가 갖는다. 콩쥐가 빌려 간 돈을 단독주택으로 대신 회수하는 거다. 법률용어로는 돈 대신 물건으로 갚는다고 하여 '대물 변제'라고 한다.

보통, 담보 가등기권자는 경매 절차상 배당요구종기 시까지 권리 신고 및 배당요구를 한다. 가등기권자가 받을 돈에 대해서 신고하고 배당요구를 하면, 경매법원은 경매 절차 종료와 함께 말소되어야 할 등기로 보고 이를 매각물건명세서의 '비고란'에 기재하곤 한다.

그림 3 가등기권자의 배당요구에 대한 기재

가등기의 힘

'순위'를 지키는 가등기

가등기는 기본적으로 순위보전의 효력이 있다. 본등기_{소유권이전등기}를 하게 되면 가등기권자는 부동산의 소유권을 갖게 된다. 소유권은 본등기를 한 때가 돼서야 취득하지만, 순위는 가등기 기준으로 결정된다. 가등기 이후 설정된 등기들은 가등기권자가 본등기를 하면서 모두 말소된다.

쥐도 새도 모르게 빼앗기는 소유권

순위를 맡아놓은 가등기권자는 가등기를 설정해준 전 소유자와 공동으로 본등기를 신청할 수 있다. 여기서 주의할 점은 '가등기를 설정해준 당시의 소유자'와 등기소에서 본등기를 할 수 있다는 거다. 이 때문에 선순위 가등기 있는 물건을 낙찰 받은 사람은 자기도 모르는 사이에 소유권을 잃는 상황을 맞닥뜨리기도 한다.

경매 절차상 가등기 취급

최악만 알리는 경매법원

　부동산 경매 절차상 경매목적 부동산이 낙찰된 때에도 '소유권 이전등기청구권 보전을 위한 가등기'는 말소기준 권리보다 순위가 앞서면 말소되지 않고 낙찰자에게 인수된다.

　경매 절차상 법원은 가등기권자에게 담보 가등기인지를 밝히라는 취지로 통지한다. 이때, 경매 절차에서 배당 받기 위해서는 실무상 배당요구종기까지 자신의 가등기가 담보 가등기라는 사실과 받을 돈 피담보채권이 있는지, 있다면 그 금액 등에 관하여 신고해야 한다. 만약, 가등기권자가 자신이 어떤 가등기를 했는지 권리신고를 하지 않아 법원이 가등기의 내용을 알 수 없다면 법원은 가등기의 인수 여부를 어떻게 파악할까?

　돈을 갚지 않는 채무자 때문에 집행비용까지 내가며 경매 절차를 신청한 채권자로서는 하루빨리 경매 절차가 진행되어 배당 받기를 원한다. 경매 절차는 그 무엇보다 '신속성'이 중요한 절차이다. 경매를 진행하는 법원은 어떤 성격의 가등기인지 알 수 없을 때 그 가등기가 등기사항증명서상 최선순위이면 '순위보전의 가등기'로 보아 낙찰인에게 그 부담이 인수될 수 있다는 취지를 매각물건명세서에 기재한다.

따로 경매절차에서 가등기의 진짜 성격이 무엇인지 살피지 않는다. 성격을 알 수 없는 가등기가 최선순위라면 낙찰자에게 가장 부담이 큰 권리로 알리면 그만이라는 태도이다.

가등기의 진짜 성격을 가르는 기준

그렇다면, 낙찰자에게 인수되는 소유권이전등기청구권 보전을 위한 가등기와 담보 가등기는 어떻게 구별할 수 있을까? 등기사항증명서만 보고도 구분할 수 있을까?

담보 가등기는 채무자가 돈을 갚지 않을 때 돈 빌려준 채권자가 나중에 직접 소유권을 취득하면서 부동산이라는 '물건'으로 돈을 회수하고자 한 것이다. 물건으로 돈을 갚는다고 하여 '대물변제'라 하는데, 가등기 중에는 등기원인이 '매매예약'이 아니라 '대물변제예약'인 경우도 있다. 그러나 가등기의 성격은 등기사항증명서에 기재된 가등기의 등기원인이 아니라 실제 채권을 담보하는 가등기인지에 따라 달라진다. 등기사항증명서상 등기원인이 대물변제예약이라고 해서 무조건 돈을 빌려주고 한 채권 담보 가등기라 봐서도 안 되고, 장차 부동산을 사고팔기로 예약한 '매매예약'이라고 해서 소유권이전등기청구권보전을 위한 가등기라고 단정지어서도 안 된다.

경매가 끝나면 지워질 빚쟁이의 가등기

가등기 담보등에 관한 법률

가등기 담보등에 관한 법률이하 '가등기담보법'이라고한다.에 따르면 담보가등기는 근저당권과 같이 경매 절차상 우선변제권이 인정되고 순위는 담보 가등기를 마친 시점이 기준이 되어 경매 절차 종료와 함께 말소된다.

사채업자로부터 1,000만 원을 빌린 집주인이 사채업자에게 1억 원짜리 단독주택에 가등기를 설정해주었다고 해보자. 1년 뒤 변제일에 연 10%의 이자까지 포함해서 총 1,100만 원만 갚으면 되는데, 집주인이 돈을 갚지 않아 사채업자가 본등기를 요청하면 집주인은 빌린 돈 1,100만 원 때문에 1억 원짜리 집을 잃게 된다. 사채업자로서는 1,100만 원 받을 돈 있는 것을 기회로 1억 원짜리 집을 얻게 되는 무려 10배 장사가 가능한 어마어마한 폭리를 취하는 구조이다. 가등기담보법은 돈을 빌려준 사람이 이처럼 가등기를 악용해서 폭리를 얻지 못하도록 하는 취지에서 제정된 법률이다.

이 법에 따르면 사채업자는 1억 원짜리 단독주택에 본등기를 하는 방식으로 대물 변제를 받더라도 나머지 8,900만 원은 정산하여 채무자에게 돌려줘야 한다. 본등기를 하기까지의 과정과 본등기 후 청산하는 절차까지 법에서 자세하게 규정되어 있다. 다만, 경매 절차상 가등기권자가 받을 돈이 있어 배당 받고 싶다고 권리 신고하면 실무에서는 가등기담보법 적용여부를 특별히 따져보지 않고 경매 절차가 종료하면 말소되어야 할 가등기로 처리하는 경향을 보인다.

그러나 권리신고를 하지 않은 최선순위 가등기가 일단 낙찰자한테 인수되면 가등기가 실제로 채권을 담보하기 위해 설정되었다는 사실 외에 해당 가등기에 가등기담보법이 적용될 수 있어야만 돈을 빌려주고 설정한 가등기로서 말소되어야 한다고 지적할 수 있다.

적용 조건 까다로운 가등기담보법

가등기담보법은 가등기가 설정된 부동산의 가치가 집주인이 빌린 돈보다 많을 때만 적용된다. 빌린 돈의 성격도 오로지 돈을 대여하는 계약이어야 한다. 법률용어로는 '소비대차'에 의해 발생한 채권일 것이 요구되는데 '사채'를 쓴 경우에 적용된다고 생각하면 된다.

예를 들어, 공사업자가 공사대금을 받지 못해 가등기를 설정하였다면 이때 공사업자가 받을 돈은 돈을 빌려준 계약금전소비대차이 아니라 '공사계약'으로 발생한 것이다. 가등기담보법에 따라 공사업자의 가등기는 경매 절차상 말소되어야 한다고 주장하기 어렵다.

가등기권자가 받을 돈이 있어 가등기했다는 이야기를 듣더라도 무작정 낙찰 후 말소청구를 할 수 있겠다고 생각할 것이 아니라, 받을 돈이 어떻게 발생하였고 가등기 설정한 부동산이 빌린 돈보다 가치가 큰지도 따져봐야 한다.

가등기담보법이 적용되더라도 지울 수 없는 가등기

가등기담보법이 적용되는 가등기이지만 다른 빚쟁이가 경매를 신청하기 전 가등기권자가 이미 위 법상 청산절차를 거쳐 청산금의 액수 또는 청산금의 부존재를 통지하여 2개월이 지났다면 가등기권자는 언제든지 소유권이전등기를 할 수 있다. 이때 청산절차를 제대로 거쳤다는 점에 대해서는 가등기권자가 밝혀야 한다.

청산절차도 없이 본등기를 했다며 무효의 소유권이전등기라고 지적해볼 수 있겠으나, 본등기 이후라도 가등기권자가 채무자에게 적절히 청산절차를 거친 이상 유효한 소유권이전등기로 본다는 것이 법원의 태도다.

오래된 가등기

꼭 확인해야 할 가등기 설정 시기

등기사항증명서만 봐도 가등기의 말소 가능성을 점쳐 볼 수 있는 방법도 있다. 등기된 지 오래된 가등기라면 '매매예약완결권'이 소멸했다며 가등기 말소를 청구해볼 수 있다.

소유권을 가져오려면 필요한 권리

장차 부동산을 매매하기로 약속한 당사자들은 '매매예약'을 하고, 가등기권자는 소유권이전등기청구권 보전을 위한 가등기를 해둔다. 어디까지나 '예약'을 해둔 것이기 때문에 가등기권자가 소유권이전등기(본등기)를 하기 위해서는 본 계약이 성립되어야 한다. 가등기권자가 본 계약을 성립시킬 수 있는 권리를 매매예약'완결'권이라고한다.

'이 시기' 지나면 지울 수 있는 가등기

매매예약완결권은 당사자 사이에 약정해두면 그 기간 내에 하면 족하고, 그러한 약정이 없는 때에는 예약이 성립한 때로부터 10년 이내에 행사해야 한다. 만약, 그 기간이 지나면 예약완결권은 제척기간의 경과로 소멸하게 된다. 둘 다 기간이 지나면 권리를 행사할 수 없다는 점은 같지만, 제척기간은 소멸시효기간과 구분해야 할 점이 여럿 있는데, 그중 하나가 '중단'이 가능한지다. 소멸시효는 흘러가는 시효를 꽉 붙잡아두거나 처음부터 다시 진행하도록 할 수 있다. 반면, 제척기간은 흘러가는 기간을 막을 방법이 없다.

소유자와 가등기권자가 매매예약완결권 행사기간을 약정하지 않으면서, 다만 행사를 시작할 수 있는 시기를 10년 뒤라고 정해놨다면 어떨까? 이런 경우 대법원은 행사 기간이야 당사자가 약정한 대로 해야 할 것이나, 제척기간이 시작하는 시기는 당사자가 마음대로 정할 수 없고 매매예약이 성립한 그 때부터 시작하는 것으로, 당사자가 정한 매매예약완결권 행사시기와 무관하게 매매예약 성립시로부터 10년이 지나면 매매예약완결권은 소멸한다고 보았다.

매매예약완결권이 제척기간이 지나 소멸하면 가등기권자는 더는 매매예약 완결을 통해 본등기_{소유권이전등기}를 할 수 없게 된다. 낙찰자는 매매예약완결권이 존재하지 않아 말소되어야 할 가등기라는 점을 들어 가등기 말소청구 소송을 할 수 있다. 법원의 판결이 있으면 낙찰자 단독으로 가등기를 지울 수 있다.

공사대금채권의 '소멸시효'를 '보너스'와 같이 생각해야 한다고 설명했는데, 제척기간도 마찬가지다. 매매예약완결권의 '행사 기간'을 당사자 사이에 10년보다 장기로 약정하는 게 가능하기 때문이다. 실제 어떤 사안에서 당사자 사이에 매매예약완결권의 행사 기간을 30년으로 정하였는데, 대법원은 위와 같은 행사 기간에 대한 약정이 가능하다고 했다. 또한, 어떤 매매예약서에는 당사자들이 지정한 특정 일자가 지나면 매매예약 완결의 의사표시가 없더라도 본 계약이 성립하는 것으로 본다는 간주 조항이 담겨 있다. 예약서상 특정 일자가 이미 지났다면 가등기권자는 언제든지 소유권 이전등기청구권을 행사할 수 있다.

등기사항증명서만 봐서는 전 소유자와 가등기권자가 매매예약완결권 행사 기간을 몇 년으로 약정했는지 알기 어렵다. 따라서 10년이 넘은 가등기라고 해서 무작정 매매예약완결권이 소멸했다고 단정지어서는 안 된다.

매매예약완결권의 행사기간에 특별한 제한 없다는 판결

대법원 2017. 1. 25. 선고 2016다42077 판결 [소유권이전청구권가등기말소]

1. 민법 제564조가 정하고 있는 매매의 일방예약에서 예약자의 상대방이 매매예약 완결의 의사표시를 하여 매매의 효력을 생기게 하는 권리, 즉 매매예약의 완결권은 일종의 형성권으로서 당사자 사이에 그 행사기간을 약정한 때에는 그 기간 내에, 그러한 약정이 없는 때에는 그 예약이 성립한 때로부터 10년 내에 이를 행사하여야 하고, 그 기간을 지난 때에는 예약 완결권은 제척기간의 경과로 인하여 소멸한다(대법원 1992. 7. 28. 선고 91다44766, 44773 판결, 대법원 2003. 1. 10. 선고 2000다26425 판결 등 참조). 한편 당사자 사이에 약정하는 예약 완결권의 행사기간에 특별한 제한은 없다.

2. 원심은 그 채택 증거에 의하여, 원고가 2002. 4. 30. 이 사건 부동산에 관하여 피고에게 2002. 4. 26.자 매매의 일방예약을 원인으로 한 이 사건 가등기를 마쳐 준 사실을 인정하였다.

나아가 원심은, 원고와 피고 사이에 예약 완결권을 2032. 4. 25.까지 행사할 수 있도록 약정한 사실은 인정되나, 피고의 예약 완결권은 원고와 피고가 10년을 초과하여 약정한 위 기간까지 존속하는 것은 아니므로 피고의 예약 완결권은 2002. 4. 26.부터 10년이 경과한 2012. 4. 25. 제척기간 10년의 도과로 소멸하였고, 따라서 피고는 원고에게 이 사건 부동산에 관하여 이 사건 가등기의 말소등기절차를 이행할 의무가 있다고 판단하였다.

3. 그러나 앞서 본 법리에 비추어 살펴보면, **원고와 피고가 예약 완결권의 행사기간을 2032. 4. 25.까지 행사하기로 약정하였으므로 약정한 2032. 4. 25.이 지나야 그 예약 완결권이 제척기간의 경과로 인하여 소멸한다고 할 것이어서, 이 사건 가등기가 예약 완결권의 소멸을 이유로 무효라고 할 수는 없다.**

다른 듯 비슷한 선순위 가처분 등기

가처분 등기는 왜 하나

부동산 등기에서 볼 수 있는 가처분 등기의 종류는 여럿 있지만, 낙찰자의 소유권을 빼앗아 갈 수 있는 가처분은 바로 소유권처분금지가처분이다. 소유권처분금지가처분 등기는 말소기준권리보다 앞서면 지워지지 않는다. 매각물건명세서에도 지워지지 않는 등기로 기재된다.

가처분, 가압류 모두 법원의 결정이 있어야 등기될 수 있다. 가압류는 돈을 받지 못한 사람이 신청하면 법원이 가압류 결정을 내려주면서 등기도 해준다. 가처분은 돈 받는 것과 관계 없이 부동산의 주인 또는 다른 권리자예: 가등기권자, 근저당권자, 점유자가 함부로 자기 권리를 남에게 처분하지 못하도록 하는 것이다. 똑같이 '가'자가 들어가지만 가등기는 매매예약을 한 사람들끼리 합의해 등기할 수 있는 것과 비교된다.

소유권처분금지가처분을 해두는 이유는 소유권을 함부로 다른 사람에게 이전하지 말라는 취지다. 더 나아가 부동산 전체의 가치를 떨어뜨리는 담보권, 임차권 설정 등의 행위를 하지 말라는 의미다.

소유권처분금지가처분을 신청하게 되는 이유는 여러 가지가 있는데, 가장 흔한 예로는 소유권에 분쟁이 있는 경우다. 집주인으로부터 소유권을 이전 받을 수 있는 판결을 받았는데, 판결받고 나니 이미 집주인이 다른 사람에게 소유권을 넘기면 판결만으로 소유권 이전등기를 하기 어려워진다. 처분금지가처분은 바로 이런 상황을 방지하고자 신청한다. 즉, 소유권처분금지가처분을 해둔 사람은 대게 전 소유자를 상대로 소송을 진행하였을 가능성이 존재한다.

가처분 등기의 힘

가처분을 해둔 사람이 힘을 발휘하는 때는 가처분의 신청 근거가 되었던 소유자에 대한 권리(예: 소유권이전등기청구권)에 관하여 법원의 승소 판결을 받거나 전 소유자와 합의가 되어 가처분 신청 권리에 기해 소유권이전등기 또는 소유권이전등기 말소등기를 하는 때다.

갑이 을과 부동산 매매계약을 체결했다. 을이 갑에게 부동산 매매대금을 전부 지급했음에도 갑이 소유권 이전등기할 수 있는 서류를 제공하지 않는다. 을은 갑을 상대로 부동산 소유권처분금지가처분을 해두고 소유권이전등기청구소송을 진행한다.

그 사이 갑의 다른 채권자 병이 강제경매를 신청해 경매가 진행됐다. 을의 소유권처분금지가처분 등기가 말소기준권리보다 앞서 지워지지 않고 낙찰자에게 인수되었고, 을이 갑에 대한 소유권이전등기청구 소송에서 승소를 하게 되면, 낙찰자가 경매에서 부동산의 소유권을 취득했다 하더라도 을에게 소유권이 있다고 주장할 수 없다.

가등기권자 본등기를 하는 것과 같이 낙찰자는 순식간에 소유권을 잃을 수 있어 특수물건 중 난도가 높은 물건이다.

지울 수 있는 가처분
가처분을 해둔 사람이 간혹 이미 소유권을 취득한 때가 있다. 승소판결을 받아 단독으로 등기를 했거나, 판결 이전에 전 소유자와 합의를 통해 등기를 이전받을 수도 있다.

소송에서 승소하여 판결문에 따라 소유권을 이전받았다면 등기소에서 보통은 가처분의 목적이 달성되었음을 이유로 가처분을 말소한다. 다만, 간혹 실무상 가처분 등기가 말소되지 않은 때도 있는데 이때는 낙찰자가 법원에 가처분취소신청을 해 법원의 결정을 받아 말소시켜야 한다.

가처분취소신청은 가처분 결정 당시의 당사자가 아니더라도 부동산의 소유권을 이전받는 사람도 취소신청이 가능하다.

꼭 소유권의 분쟁이 있어서가 아니라, 소유자에게 저당권을 설정해달라고 하기 위해 소유권처분금지가처분 등기를 하는 때도 있다. 등기상 소유권처분금지가처분의 피보전권리가 저당권설정청구권인데, 을구를 보니 가처분권자 명의의 근저당권이 이미 설정되어 있다면 이 또한 이미 목적이 달성되어 지워져야 할 가처분이라고 주장할 만하다.

마지막으로 오래된 가처분 등기도 눈 여겨 봐야 한다. 가처분권자가 본안소송에서 패소하여 가처분 등기를 그냥 방치하는 때가 있다. 당연히 가처분의 이유가 상실되었으니 취소신청을 통해 말소되어야 한다.

가처분권자가 아예 소송을 제기하지 않고 방치하는 때도 있다. 2005. 7. 28. 이후 경료된 가처분 기준으로 3년이 넘도록 소송을 제기하지 않고 방치한 가처분이라면 낙찰자가 취소신청을 할 수 있다. 개정된 법 시행 이전인 2002. 7. 1.부터 2005. 7. 27.까지 등기된 가처분이라면 5년, 민사집행법 제정 후 시행 이전에 등기되었다면 10년 동안 본안소송을 제기하지 않은 이상 취소되어야 할 가처분이다.

소송 진행 여부나 패소 여부를 확인하기란 쉽지 않다. 주변인들에 대한 조사와 발품이 필요하다.

→ 성공 사례 ←

사례 1 **거짓으로 설정한 가등기**

　선순위 가등기가 있는 물건, 섣불리 덤벼서는 안 되는 물건이다. 그런데 사람들의 이런 인식 탓일까? 선순위 가등기는 소유자, 채무자 측에서 자신의 물건이 경매로 넘어가더라도 아무나 쉽게 낙찰받지 못하게 할 용도로 쓰이기도 한다. 진정한 의사로 가등기를 설정해두고, 이를 뒷받침하는 서류도 잘 갖춰 두는 사례도 있지만, 허술하게 만들어 둔 사례에서는 소송에서 여러 증거신청을 통해 결국 들통이 나기도 한다.

　개발 이슈가 있는 지방의 한 토지를 낙찰 받은 의뢰인이 있었다. 응찰 전 확인한 바로는 전 소유자와 가등기권자는 장모와 사위 사이라고 한다. 장모가 토지 소유권을 취득하게 된 경위는 등기사항증명서에서 파악할 수 있었다. 경매를 통해 낙찰 받았고, 낙찰 받자마자 사위 이름으로 가등기가 되었다. 사위는 다른 지역에서 직장을 다니고 있어, 낙찰 받은 부동산은 당장 쓸모가 없는 곳이었다. 의뢰인이 낙찰 전 발품을 팔아 알아본 가등기한 이유가

석연치 않았다.

낙찰 이후 의뢰인은 가등기권자인 사위를 상대로 가등기 말소 소송을 제기하였다. 가등기권자가 전 소유자의 사위라는 사실을 쉽게 인정하지 않을 줄 알고, 증거신청에 만반의 준비를 해갔는데, 웬걸 순순히 둘 사이가 가족관계라는 사정을 인정했다. 사위가 향후 자신이 소유권을 취득해서 토지에서 사업을 할 계획을 세워, 장모가 토지에 가등기를 해두었다고 주장했다. 그렇다면 장모가 아니라 사위가 장모의 도움을 받아 토지를 낙찰 받으면 될 일이 아녔는지 반문할 수밖에 없었다.

더 큰 문제는 사위가 장모에게 가등기를 위해 매매예약금을 지급했다는 부분이었다. 사위가 장모에게 1억 원의 매매예약금을 계좌이체했다고 밝히며 이체 내역을 제출하였다. 그러나 추가 증거신청을 통해 금융 계좌 내역을 좀 더 살펴보니, 장모는 사위한테 받은 1억 원을 당일 수표로 전액 출금하였고, 돌고 돌아 돈은 다시 사위에게로 갔다.

선순위 가등기를 설정하기 위한 거래 내역을 만들어낸 것이었다. 거짓 가등기가 유효할 리 없다. 이를 법적 용어로는 '통정허위 표시에 의한 가등기'에 해당하여 '무효'라고 표현한다. 이 사건에서 법원은 의뢰인의 가등기 말소 청구를 받아들였다.

발품을 팔아야 하는 내용이지만, 전 소유자와 가등기권자가 가족, 지인 등 서로 잘 아는 사정이 확인된다면 가등기를 설정하게 된 전후 관계를 좀 더 조사해볼 필요가 있다. 가등기를 '허위'로 만들어 낼만 한 사정이 있는지 살피기 위해서다.

사례 2 알고 보니 지워져야 할 빚쟁이의 가등기

소유권이전등기청구권 보전을 위한 가등기라고 주장하지만, 앞서 살펴본 것처럼 돈을 빌려주고 설정해둔 담보 가등기로 밝혀져, 가등기담보등에관한법률이 적용되어 말소되는 가등기도 있다.

수도권의 유망한 지역에 토지를 낙찰 받은 의뢰인이 있었다. 의뢰인은 특별히 공부를 많이 한 사람도 아니었다. 선순위 가등기 있는 물건을 감정가의 20% 정도에 낙찰 받았지만, 가등기를 말소시킬 수 있는 사실관계에 무엇이 있는지 아무런 조사가 안 되어 있는 상태였다. 선순위 가등기가 있는 물건을 낙찰 받아 오는 의뢰인들은 방대한 조사가 뒷받침된 고수들이 대부분이어서 이 사건은 큰일 났다 싶었다. 아무리 싸게 낙찰 받았다 하더라도, 본등기가 되면 투자금을 고스란히 다 날릴 수 있는 상황이었다.

낙찰 받은 토지는 분필된 토지였다. 원래 하나이던 큰 땅이 수 개의 필지로 쪼개졌고, 쪼개진 필지 중 하나를 의뢰인이 낙찰 받은 것이었다. 선순위 가등기는 땅이 쪼개지기 전 전체 필지에 설정되었다. 쪼개지기 전 원래의 주소에 해당하는 토지의 등기사항증명서를 열람해봤다. 쪼개지기 전 토지를 이해가 쉽게 A 토지라 하고 의뢰인이 낙찰 받은 토지는 A-1 토지, A-1 토지보다 앞서 경매로 소유권이 넘어간 토지를 A-2 토지라 하겠다. A-2 토지는 2년 전 이미 경매로 한 차례 소유권이 넘어간 상태였다. 이미 종료한 사건이지만 법원 문건송달내역은 확인할 수 있었고, 경매 절차에서 가등기권자의 권리 신고 및 배당요구 신청서가 접수된 내역을 찾았다.

'배당요구 신청서'에서 눈이 번쩍 띄었다. 가등기권자가 경매 절차에서 배당해 달라고 했다는 것은 소유권이전등기청구권을 보전하려는 게 아니라 돈을 빌려주고 이를 담보하기 위한 가등기일

가능성이 컸다. 그렇다면 의뢰인이 낙찰 받은 A-1 토지의 가등기도 받을 돈을 담보하는 가등기로 저당권과 같이 경매 절차에서 지워지는 게 맞겠다 싶었다. 가등기권자가 이런저런 주장을 하기는 했지만, 결국 돈을 빌려주고 설정한 가등기라는 사정이 여러 증거를 통해 확인되었다.

가등기담보등에관한법률이 적용될 수 있는 사안이라, 다행히도 의뢰인은 가등기말소 소송에서 승소할 수 있었다. 한참 부동산 값이 오르던 시기에 감정가의 5분의 1 수준에서 토지를 낙찰 받아 기본 500%의 수익이 발생한 성공사례 중 하나로 마무리할 수 있었다. 다만, 돈을 빌려주고 설정한 가등기라 해서 아무 때나 다 말소되는 것은 아니다. 앞에서 필자가 필요한 조건들을 설명해두었으니 참고하자.

사례 3 자기가 산 부동산에 가등기 해둔 사람

순위번호	등기목적	접수	등기원인	권리자 및 기타사항
4	소유권이전	2023년 8월 17일 123456호	2023년 6월 15일 매매	소유자 박** 112456-******* 경기도 평택시

5	소유권이전 청구권가등기	2023년 8월 17일 123457호	2023년 8월 16일 매매예약	가등기권자 김** 123456-****** 대전광역시 유성구

표 1 소유권이전등기와 같은 날 마쳐진 가등기

    선순위 가등기 있는 물건들을 보면, 어떤 소유자가 소유권이전등기를 한 당일이나 아주 가까운 시일 내 소유권이전등기청구권 보전을 위한 가등기가 된 경우가 있다.

    이런 경우는 실제로 매매대금을 댄 것은 가등기권자일 가능성이 있다. 부동산의 매매대금을 대고 실제로 산 것은 가등기권자이지만, 가등기권자가 자기 이름으로 부동산 명의를 해둘 수 없어 다른 사람 앞으로 소유권이전등기를 하고, 언제라도 자기 앞으로 소유권이전등기를 하도록 안전장치를 해두기 위해 가등기를 해둔 것이다. 소유자와 가등기권자 사이에 부동산은 가등기권자의 것이지만 소유자 명의로 부동산 소유권이전등기를 해둔 것으로 소유자와 가등기권자 사이에 '명의신탁약정'이 있다고 표현할 수 있다.

    부동산실명법이라고 짧게 줄여 부르는 부동산실권리자명의등기에관한법률이 있다. 이 법은 내 부동산을 남의 이름으로 해두지 말라는 법이다. 투기·탈세·탈법행위 등을 방지하고 부동산 거래 정상화를 위한 입법 목적이 있다.

전 소유자 C가 B를 매수인으로 알고 매매계약을 체결해 소유권을 이전하였다면, 실제 A가 매매대금을 전부 지급하고 A와 B가 명의신탁약정을 맺었다 하더라도 부동산은 등기상 소유자인 B의 것이다. A는 기껏해야 B에게 매매대금만 돌려달라고 할 수 있을 뿐이다. 부동산실명법과 대법원 판례에 따르면 A는 부동산의 소유자가 될 수 없다. A가 B와 명의신탁약정이 끝날 때를 대비해 자기 이름으로 가등기해 두었고, 가등기에 기한 본등기를 통해 소유권을 취득한다면 뭔가 탈법행위를 그대로 내버려 두는 느낌이다. 따라서 이때는 A명의 가등기에 대하여, 무효인 명의신탁약정이 끝날 것을 대비한 가등기에 해당하므로 '무효'라고 지적할 수 있다.

대전의 어떤 토지를 낙찰 받은 의뢰인이 있었다. 의뢰인은 선순위 가등기 있는 토지를 낙찰 받았고, 곧바로 가등기 말소소송을 진행했다. 이 사건에서 조금 특이한 점은 전 소유자가 소송을 통해 소유권을 이전 받았다는 점이었다. 전 소유자가 판결로 소유권을 이전 받은 즉시 가등기가 되었다. 전 소유자가 소송에서 어떻게 주장하여 소유권을 이전 받았는지를 소송상 증거신청을 하여 사건 기록을 받아 볼 수 있었다. 전 소유자를 대리한 사람을 통해 바로 힌트를 얻을 수 있었다. 가등기권자가 바로 전 소유자를 대리하여 소송 전반을 진행하였다. 또한, 해당 소송에서 실질적으로 매매대금을 모두 마련해 지급한 것은 전 소유자가 아니라 가등기권자라는 사정도 확인할 수 있었다.

가등기권자는 자신이 매매대금을 다 대고 전 소유자의 명의로 소유권을 이전해두었다. 토지를 판 상대방은 가등기권자의 존재를 당연히 알지 못했다. 가등기권자와 전 소유자 사이에 명의만 전 소유자 것으로 해두고, 부동산은 실질적으로 가등기권자의 소유로 본다는 취지로 합의한 사실도 전 사건기록상 일부 드러났다. 부동산실명법상 무효인 명의신탁약정을 우회하기 위해 해둔 가등기로 말소되어야 한다는 점을 적극 주장하였고, 법원은 가등기 말소를 구하는 의뢰인의 손을 들어주었다.

명의신탁한 토지, 돌려받기 위한 가등기에 대한 판결

대법원 1998. 12. 11. 선고 98다43250 판결 [소유권이전청구권가등기말소등기]

[1] 부동산실권리자명의등기에관한법률 제4조, 제11조, 제12조 등에 의하면, 법 시행 전에 명의신탁약정에 의하여 부동산에 관한 물권을 명의수탁자의 명의로 등기하거나 하도록 한 명의신탁자는 법 시행일로부터 1년의 기간 이내에 실명등기를 하여야 하고, 그 기간 이내에 실명등기 또는 매각처분 등을 하지 아니하면 그 이후에는 명의신탁약정은 무효가 되고, 명의신탁약정에 따라 행하여진 등기에 의한 부동산의 물권변동도 무효가 된다고 규정하고 있으므로, 위 유예기간이 경과한 후에는 명의신탁약정의 무효로 말미암아 명의신탁자 또는 그 상속인은 명의수탁자에 대하여 명의신탁약정의 해지로 인한 소유권이전등기청구권을 갖지 아니하고, **명의수탁자에 대한 소유권이전등기청구권을 보전하기 위하여 가등기를 경료하여 두었다고 하더라도 그 가등기 또한 원인무효로서 말소**되어야 한다.

사례 4 오래된 가등기임을 밝히다

지방의 한 개발 호재가 알려진 땅을 낙찰 받아온 의뢰인 있었다. 의뢰인은 이 토지를 감정가의 20% 정도로 낙찰 받아 왔는데 다름 아닌 선순위 가등기가 그대로 인수된 물건이었다. 이미 이 가등기는 사연이 매우 깊었다. 여러 사정으로 가등기가 말소되어야 한다는 취지로 소송이 이뤄졌고, 모든 소송에서 가등기권자가 승소했다. 그런데 너무 많은 소송에서 여러말을 한 것이 가등기권자에게는 독이 됐다. 가등기는 매매예약이 체결되어야 설정된다. 매매예약이 체결된 지 10년이 지난 상황이라면 당사자 사이의 다른 특약이 있지 않는 한 매매예약완결권의 제척기간이 도과해 가등기도 존재할 이유가 없다.

가등기권자는 여러 소송에서 가등기가 설정된 원인된 매매예약은 2013년에서야 체결된 것이라고 주장했다. 등기상에도 2013년 매매예약을 원인으로 가등기가 되어 있는 것으로 적혀 있었다.

그러나 앞서 말했듯이 가등기권자는 앞선 많은 소송에서 일관되게 주장한 내용이 있었다. 바로 가등기는 전 소유자와 2010년 매매예약을 원인으로 설정하였다는 사실이었다. 소송상 증거신청으로 가등기권자가 진행한 여러 소송의 기록을 송부받아 볼 수 있었다. 그런데 거의 한번도 빠짐없이 가등기권자는 전 소유자와 2010년 매매예약을 체결하였고, 2013년에 등기하느라 작성된 매매예약서에도 2010년 매매예약상 내용을 확인하는 차원에서 쓰인 것이라고 주장했다. 매매예약의 주요 구성요소라 할 수 있는 매매목적물, 소유권 이전 방법, 매매가격 산정방법 등 모두가 2010년 매매예약에 따를 예정이었다는 내용도 소송에서 한 번 더 주장하기까지 했다.

법원에서는 사실상 2010년 매매예약 기준으로 가등기가 설정되었다고 본 것이 맞겠다며 의뢰인들의 손을 들어 주었다.

PART **3**

소액 투자로 접근하는 지분경매

지분 투자법

부부가 살고 있는 부동산은 세금 문제 등으로 인해 많은 경우 남편과 아내가 각각 2분의 1씩 공유하고 있다. 그중 한 사람의 지분만 경매로 나오면, 전체 아파트의 2분의 1 가격이 아니라 '지분'이라는 사정 때문에 그 보다 낮은 가격에 낙찰된다. 토지나 건물을 수인이 공유하고 있다가 그중 한 명의 지분이 경매로 나오기도 한다.

지분경매는 소액으로 접근할 수 있다는 점 때문에 여러 투자자가 관심 있어 하는 분야다. 지분을 낙찰 받은 뒤 다른 공유자와 마음만 잘 맞는다면, 온전한 부동산이 아니라 지분이라는 사정을 고려해 싼값에 낙찰받고, 제값에 통 물건을 팔아 받은 매각대금을 지분 비율만큼 받으면서 이득이 발생한다. 시세차익은 덤으로 따라붙는다. 가끔은 공유물을 팔거나 쪼개는 '공유물분할'을 원하지 않는 공유자 중 한 명이 과반수 지분을 확보할 생각으로 웃돈을 얹어 지분을 사 가기도 한다.

다른 공유자가 제3자에게 공유물을 파는데 아무런 관심이 없고, 분할에 대한 협의도 쉽사리 합의점에 도달하기 어렵다면, 공유물분할 청구의 소를 제기해 법원의 판결로 공유물분할을 위한 경매를 신청해 전체 물건을 파는 방법을 택할 수 있다.

지분 소유, 어디가 내 땅일까?

공유관계의 시작

공유란 물건이 지분별로 수인이 소유하고 있는 것을 뜻한다. 하나의 물건을 수인이 공동으로 소유한다는 '합의'로 공유가 성립하기도 하며, 법률의 규정상 성립할 때도 있다. 후자의 대표적인 예로는 상속인이 여럿인 '상속재산'이 있다.

공유가 성립하기 위해서는 공유의 합의와 부동산에 대한 '등기'가 있어야 한다. 공유 등기에는 공유지분 비율이 표시된다.

| 4 | 소유권이전 | 2006년2월8일
제16963호 | 2005년12월23일
매매 | 공유자
지분 2분의 1
　　710820-*******
　정OO
지분 2분의 1
　　741103-*******
　정OO |

그림 4 공유지분 등기의 예

완전한 내 땅이란 있을 수 없는 공유

만약, 이 책의 한 페이지를 필자와 갑돌이가 2분의 1지분씩 공유하고 있다고 해보자. 필자가 한 페이지의 절반에 검은 줄을 긋고는 절반은 내 것이니 갑돌이게 절대로 넘어오지 말라고 할 수 있을까? 공유 재산이 책의 한 페이지가 아니라 한 필지의 토지라면 땅 절반이 되는 지점에 경계를 설정하고 필자 마음대로 건물을 신축해도 될까?

아니다. 공유자는 공유 물건의 어떤 부분도 완전한 자신의 것이라고 말할 수 없다. 다른 공유자와 공유물 자체를 지분에 맞게 쪼개어 각자 소유하기로 하는 구분 소유적 공유에 합의한 것이 아니라면 말이다. 공유는 공유 재산의 흙 한 줌, 벽돌 한 장까지 본인의 '지분' 비율 대로만 갖는다. 단독 소유와의 차이점을 분명히 알아둬야 한다.

공유자 혼자 할 수 있는 일, 할 수 없는 일

공유자가 팔 수 있는 것

공유자는 자신의 지분을 자유롭게 처분할 수 있다. 그러나 전체 공유물은 다른 공유자의 동의 없이 제3자에게 팔아넘길 수 없다. 다른 사람의 지분을 내 마음대로 팔 수 없기 때문이다.

임차인을 들이려면 필요한 지분 비율

공유물에 임차인을 들이는 행위는 공유물의 '관리행위' 중 하나다. 부동산 전체 지분의 과반수로써 결정할 수 있다. 과반수 지분이 있는 공유자는 혼자서 이러한 관리행위를 할 수 있다. 그러나 이때도 임차인에게 받는 차임은 지분 비율대로 다른 공유자와 나눠야 한다.

무단 점유자를 내보내려면 필요한 지분 비율

공유물을 제3자가 불법점유하고 있다면 지분 비율과 관계없이 공유자는 단독으로 제3자에게 나가라고 할 수 있다. 이는 전체 공유자를 위한 행위로, 공유물 '보존' 행위에 해당해, 다른 공유자의 동의를 받을 필요 없이 단독으로 할 수 있다.

 고수의 팁 다른 공유자가 허락도 없이 공유물을 쓰는데, 나가라고 할 수 있나요?

경매 사건을 검색하다 보면 늘 반복해서 나오는 지분물건 있다. 바로 부부가 공유하던 아파트인데 남편이나 아내의 2분의 1지분만 경매에 나오는 경우이다. 등기사항증명서를 보면 내용상 사업을 하던 남편이 망하면서 남편의 지분만 경매로 나오는 때가 많다.

남편의 사업이 망한 상태라면 가족 모두, 특히 배우자가 따로 돈이 있기란 쉽지 않다. 따라서 다른 지분권자인 아내가 경매 절차에서 뒤에서 설명하는 공유자우선매수청구권을 행사하기도 쉽지 않다. 남편의 지분을 낙찰 받은 제3자는 2분의 1 지분권자로 과반수에 미치지 못해 '소수' 지분권자에 해당한다.

필자가 많이 받는 질문 중 하나는 아내가 여전히 낙찰 대상 부동산에서 살고 있으면 아내를 상대로 공유 부동산에서 나가달라고 할 수 있겠는가 하는 부분이다.

대법원은 이런 경우, 아내를 상대로 한 낙찰자의 인도명령은 불가능하다고 판결을 내렸다. 아내 역시 2분의 1 지분권자에 불과하고, 독점적으로 공유물을 점유할 권리는 없어서 낙찰자로서는 부당하다고 느낄 수 있다.

그렇지만 아내에 대한 낙찰자의 인도명령이 가능하다고 하면 반대로 낙찰자가 부동산을 점유할 때 아내도 인도 청구가 가능하다는 결론으로, 서로 인도 청구를 계속한다면 누구 하나도 제대로 부동산을 점유하기란 어려울 것이다.

이때 낙찰자가 할 수 있는 청구는 아내에게 부동산 전체에 대한 임료 중 절반만큼을 청구하는 일이다. 아내가 계속해 임료를 내지 못하면, 임료 청구 소송을 진행해 판결문을 받아 이를 근거로 아내의 지분에 경매를 신청한다. 공유자우선매수청구권을 행사하면, 전체 부동산을 낙찰자가 비교적 싸게 취득할 기회가 마련된다.

공유관계를 끝내고 싶을 때

공유의 끝은 분할

공유자는 자유롭게 공유물분할을 청구하고 공유관계로부터 빠져나올 수 있다. 공유물은 원칙적으로 공유자들 사이의 '협의'로 분할할 수 있다.

반드시 모두가 참여해야 하는 분할

분할은 공유자 '전원'이 참여해야만 한다. 공유자의 일부가 제외된 공유물분할은 무효이다. 협의로 공유물분할이 어려운 경우, 이러한 사정을 들어 공유자는 다른 공유자 '전원'을 상대로 공유물분할 청구 소송을 진행할 수 있다.

중요한 부분은 협의든 소송이든 공유물분할을 위해서는 공유자 전원이 당사자가 되어야 한다는 것이다. 지분을 낙찰받을 때는 훗날 공유물분할을 대비하기 위해서라도 공유자 수가 비교적 적은 부동산을 고르는 편이 좋다. 공유자가 너무 많다면 한 자리에서 만나기도 쉽지 않고, 공유물분할을 하는 방법에 대해 의견 일치가 어렵다.

또한, 다른 공유지분권자의 나이도 확인해 두는 편이 좋다. 등기상 다른 공유자의 생년월일을 확인해볼 수 있다. 공유자의 나이가 고령이라면 이미 사망하였을 가능성이 있다. 이미 사망한 공유자이지만 가족들이 상속등기를 하지 않고 내버려 두는 경우가 허다하다. 공유지분을 낙찰 받아 혼자 공유물분할소송을 하려 했던 분들이 난관에 부딪혔다며 필자를 찾아오는 경우는 바로 생각하지 못한 공유자의 사망이다.

이때는 소송상 법원의 명령으로 다른 공유자의 상속인들을 확인할 수 있는 여러 서류를 떼 상속인들을 특정해야 한다. 상속인들만 특정된다면 사망한 공유자가 아니라 상속인들을 상대로 공유물분할소송을 진행하면 된다. 법률전문가가 아니고서야 상속지분비율 계산 및 당사자를 바꿔야 하는 소송상 절차가 낯설 수 있다. 상속인 중 한 명이라도 놓치게 되면 공유물분할 자체가 무효가 될 수 있는 만큼 원치 않게 이런 경우를 마주했다면 법률전문가의 조언을 얻는 게 좋다. 아니면 애초에 다른 공유지분자의 나이를 확인해 물건을 골라 입찰하자.

공유물분할 방법

협의 분할의 방법에는 제한이 없다. 그러나 협의가 되지 않으면 공유물분할의 소를 법원에 제기해야 하는데, 이와 같은 재판상 분할은 '현물 분할'이 원칙이다. 현물 분할이란, 토지가 공유물이라고 한다면 토지에 지분만큼 면적을 특정해 경계를 그려 공유자들 각자가 분할해서 갖는 것을 뜻한다.

그러나 현물 분할은 쉽지 않다. 토지가 공유물이라면, 토지의 모든 면이 완벽하게 같은 가치인 경우가 흔치 않다. 어디는 경사졌고, 어디는 도로에서 멀고, 어디는 나무가 많고 하는 식으로 같은 토지라 해도 가치가 달라 공유자들 사이에 현물 분할을 하기란 쉽지 않다. 주택이나 아파트라면 더더욱 현물 분할을 상정하기 어렵다.

따라서 공유물분할 소송에서 법원은 현물로 분할할 수 없거나 현물로 분할을 하게 되면 현저히 그 가액이 감손될 염려가 있는 때에 비로소 물건의 경매를 명할 수 있다_{민법 제269조 제2항}. 전체 부동산을 경매에 부쳐, 매각대금을 지분 비율만큼 가져가는 것이다. 위와 같은 판결문에 근거해 공유물분할 소송을 제기했던 공유자가 직접 경매를 신청한다_{보통은 소송 제기한 원고가 경매를 신청하는 경우가 많은데, 대법원 판결에 따르면 피고 또한 공유물 경매를 신청할 권리가 있다}. 공유물분할을 위한 경매는 임의경매나 강제경매가 아니라 '형식적 경매'에 해당한다.

경매 나온 지분, 먼저 살 수 있는 사람

지분경매에서는 경매에 나오지 않은 다른 공유자에게 '공유자우선매수청구권'이 인정된다. 이 권리를 통해 다른 공유자는 매각기일까지 매수신청보증금을 지급하고, 최고매수신고가격과 같은 가격으로 채무자의 지분을 우선 매수하겠다는 신고를 할 수 있다. 이 경우에는 법원은 최고가매수신고가 있더라도 공유자에게 매각해야 한다.

공유지분의 매각으로 인하여 새로운 사람이 공유자가 되는 것보다는 기존의 공유자에게 우선권을 부여하여 그 공유지분을 매수할 기회를 주자는 데서 비롯된 권리이다. 다만, 경매를 통한 공유물의 대금 분할을 위해 전체 공유물이 경매의 대상이 된 형식적 경매에서는 이러한 권리가 인정되지 않는다.

 고수의 팁 경매개시 이후 공유지분을 취득한 사람도 공유자우선매수청구가 가능할까?

한 아파트 지분이 경매에 나왔다. 남편과 아내가 2분의 1지분씩 공유 중이었다. 남편의 지분만 경매가 개시됐다.

이 아파트의 경매와 관련해 필자에게 질문을 한 분은, 경매개시 이후 아내로부터 2분의 1지분을 사들였다. 이 의뢰인은 아내의 지분을 비교적 싸게 샀고, 공유자우선매수청구권 행사를 통해 남편의 지분마저 사들일 생각이었다.

경매개시결정은 '압류'의 효력 있다. 집주인에게 경매가 개시되었으나 함부로 집의 가치를 떨어뜨리는 일을 하지 말라는 경고다. 이를 어기고 집주인이 집을 팔거나 담보를 설정했다 하더라도 낙찰 받은 사람에게 새로운 권리를 인정받을 수 없다.

위 사건으로 돌아가, 경매가 개시된 이후에 아내의 지분을 사들인 질문자는 왠지 압류의 효력에 반하는 일을 한 것은 아닌가 싶다.

그러나 자세히 들여다보면, 경매가 개시된 것은 남편의 지분이지 아내의 지분은 아니었다. 명확한 판례가 있는 것은 아니지만 실무에서도 경매 개시

> 대상 아닌 공유지분을 취득한 제3자가 공유자우선매수청구권을 행사하는 데 특별히 문제 삼지 않는 것으로 보인다.

소송이 필수는 아닌 공유지분 투자

다른 공유자와 마음이 잘 맞는다면

앞서 살펴본 유치권이나 선순위 가등기 물건은 존재 그 자체로 부동산의 가치를 매우 떨어뜨린다. 따라서 상대방과 합의하거나 소송을 제기해 없애야 한다. 그러나 공유지분은 그렇지 않다. 반드시 공유물분할소송을 제기해야 수익을 얻을 수 있는 것은 아니다.

전체 물건의 가격이 10억 원이다. 이 중 10분의 3 지분이 경매로 나왔다고 해서 3억 원에 사는 경우는 드물다. 부동산의 10분의 3을 내마음대로 쓸 수 있는 게 아니므로 3억 원보다는 낮은 가격에 입찰할 수 밖에 없다. 이때, 다른 공유자와 마음이 잘 맞는다면, 부동산 가격이 상승하는 장에서 함께 전체 물건을 팔아 수익을 남겨볼 수도 있다. 전체 물건의 가격이 15억 원으로 상승했다 해보자. 부동산 거래에 드는 여러 비용 고려없이 단순히 매수 금액과 매도 금액만 비교해보겠다.

낙찰 당시 전체 물건 시세가 10억 원이었고 10분의 3 지분을 지분이라는 핸디캡을 적용해 2억 5천만 원에 낙찰 받았다 해보자. 그 후 다른 공유자와 마음이 잘 맞아 부동산 상승장에서 전체 물건을 15억 원에 매도한다면, 10분의 3이면 4억 5천만 원을 갖게 된다. 투자금 대비 상당한 수익이 따라온다.

말이 안 통하는 공유자

때로는 소통조차 하지 않으려는 공유자가 있다. 또는 협상은 해보았지만 서로간 이견이 상당히 클 때도 있다. 이럴 땐 별수 없이 공유물분할 소송을 제기할 수 밖에 없다. 법원에서도 당사자끼리 의견 합치가 어렵고, 공유물 부동산 그 자체에 경계를 그려 나눠 갖는 분할이나, 어느 한 당사자가 지분에 대해 공유물 시세만큼의 돈을 받고 나머지 당사자에게 지분을 팔아넘기는 형태의 분할 등이 어렵다는 판단이 들 때에 경매에 부쳐 각 지분별로 대금을 나눠 가지라는 형태의 대금분할 판결을 내주게 된다.

여기서 주의할 점은 상대방이 부동산을 오랜 시간 소유하여 사용해왔고, 소송에서도 어떻게든 나머지 지분을 사 갈테니 자신이 계속 해당 부동산을 사용할 수 있도록 해달라는 취지로 말한다면, 법원으로서는 경매를 통한 대금분할보다는 낙찰 받은 사람에게 지분을 팔라는 형태의 판결을 내릴 수도 있다. 즉, 상대방 공유자와 말이 통하지 않는다고 해서 무작정 공유물분할 소송을 제기하는 것이 바람직하지 않을 수도 있다는 것이다.

대금분할 판결로 공유 부동산에서 경매가 시작된다. 이때 필자의 눈에 가장 많이 포착된 수단은 가등기다. 공유물분할 소송 제기 전에 공유자 중 한 명이 소유권이전등기청구권 보전을 위한 가등기를 타인에게 설정해준다. 선순위 가등기 있는 물건은 앞에서도 살펴봤지만 왠만해서는 사정을 모르는 제3자가 낙찰 받으려 하지 않는다. 내막을 모르니 아무도 낙찰 받으려 하지 않을 때, 가등기를 설정해 놓은 공유지분권자 공유물분할을 위한 형식적 경매에서는 다른 경매절차와 달리 전 소유자가 공유물을 낙찰받을 수 있다. 본인 또는 내막을 아는 사람이 전체 물건을 아주 싸게 낙찰 받아 가는 것이다.

매매예약 전후를 둘러싼 상황에서 허위를 의심할 만한 정황이 포착되지 않는 이상 이러한 가등기는 진정한 것으로 평가될 수 있다. 그러나 공유물분할 소송 전이 아니라 공유물분할 판결이 있어 변론 없이 진행된 사건에서는 판결 후, 변론이 진행된 사건에서는 변론 종결 후, 곧 경매에 넘어갈 부동산에 가등기를 설정하면, 법원은 이러한 가등기는 경매 절차상 말소되어야 한다고 판단한다.

**공유물분할 판결 후
설정된 가등기에 대한 판결**

대법원 2021. 3. 11. 선고 2020다253836 판결 [가등기말소]

대금분할을 명한 공유물분할 확정판결의 당사자인 공유자가 공유물분할을 위한 경매를 신청하여 진행된 경매절차에서 공유물 전부에 관하여 매수인에 대한 매각허가결정이 확정되고 매각대금이 완납된 경우, 매수인은 공유물 전부에 대한 소유권을 취득하게 되고, 이에 따라 각 공유지분을 가지고 있던 공유자들은 지분소유권을 상실하게 된다. <u>그리고 대금분할을 명한 공유물분할판결의 변론이 종결된 뒤(변론 없이 한 판결의 경우에는 판결을 선고한 뒤) 해당 공유자의 공유지분에 관하여 소유권이전청구권의 순위보전을 위한 가등기가 마쳐진 경우,</u> 대금분할을 명한 공유물분할 확정판결의 효력은 민사소송법 제218조 제1항이 정한 변론종결 후의 승계인에 해당하는 가등기권자에게 미치므로, 특별한 사정이 없는 한 위 가등기상의 권리는 매수인이 매각대금을 완납함으로써 소멸한다.

→ 성공 사례 ←

사례1 상대를 알고 낙찰 받은 토지 지분

수도권 북부의 한 땅 지분을 낙찰 받아온 의뢰인이 있었다. 낙찰가는 감정가의 2분의 1도 되지 않는 아주 저렴한 수준이었다. 땅은 총 3명이 공유하고 있었는데, 의뢰인은 낙찰 직후 필자에게 공유물분할 소송을 하고 싶다며 찾아왔다. 아직 의뢰인은 다른 2명의 낙찰자와 만나보지도 않은 상태였다. 경매를 시작한지 얼마 되지 않은 의뢰인은 소액으로 한 번 직접 부딪혀보며 공부해보겠다며 뚜렷한 계획도 없이 토지지분을 낙찰 받은 것이었다.

일단 다른 두 공유자의 생각이 중요해 보였다. 다른 두 공유자는 10년 전 비슷한 시기에 토지 지분을 매수하였다. 인적이 드문 곳의 토지였는데, 주변 공인중개사무실에 탐문해 보니 해당 지역의 토지 매수 문의가 전보다는 조금 늘었다는 답변을 들었다. 다른 두 공유자의 등기상 주소지로 내용증명을 보내 공유물분할에 관한 논의를 하자 제안했다. 의뢰인이 직접 집 앞에 찾아가 대화도 시도해 보았지만, 본인들은 할 말이 없다며 분할 논의를 거절했다. 달리 방법이 없었다. 법원에 공유물분할 소송을 제기했다. 공유 토지를 경매에 붙여 지분별로 대금을 분할하자는 내용이었다. 내용증명에는 응답이 없던 상대방들이 법원을 통해 소장이 날아가자 곧바로 답변해왔다.

나머지 공유자 2명 모두 토지를 공유하게 된 이유가 같았다. 주택건설업자로부터 전원주택 부지 투자를 제안받고 투자금을 건넸지만, 사업이 제대로 되지 않자 투자금을 돌려받지 못하고 토지 지분을 투자금 대신으로 받게 되었다는 것이다. 본인들이 투자한 금액보다 받은 토지 지분의 시세가 적고, 그마저도 지분에 불과해 제대로 이용도 못하는 마당에 경매를 통한 대금분할은 도저히 받아들일 수 없다고 했다. 법원에서 당사자들 간에 합의를 통해 공유물을 잘 나눠보라며 조정기일을 잡아주었다. 나머지 두 공유자들과 이야기를 해보니 답변서에 적힌 내용과 크게 다르지 않았다. 경매를 통한 분할 만큼은 받아들일 수 없다는 것이다.

토지는 남동쪽 방향으로 도로가 붙어 있는 상태였고, 길쭉한 형태의 토지였다. 필자는 토지 지형상 지분 비율대로 면적을 정해 경계를 나누면 도로에 인접하지 못한 토지를 갖는 공유자로서는 큰 손해를 얻게 되므로 경매분할 말고는 답이 없다고 강력하게 말하였다. 법원은 당사자 중 한 명이 의뢰인의 지분을 사가는 것은 어떻겠는지도 권하였다. 나머지 당사자들은 계속해 보유하기를 원하였고, 의뢰인만 현금화하기를 원했기 때문이었다. 그런데 어느 날 공유자 중 한 명이 필자에게 전화를 해왔다.

본인은 이 땅이 아무래도 통일이 되면 대박날 땅일 것 같은데 이대로 경매로 팔리게 하는 것은 너무 아깝다는 생각이라면서, 의뢰인이 낙찰 받은 금액이 아니라 경매 감정가 금액 그대로 본인한테 파는 게 어떻겠냐는 제안이었다. 의뢰인이 감정가의 절반도 안 되는 금액으로 샀으니, 그 2배에 사겠다는 제안은 경매로 분할하여 파는 것보다 당연히 단시간에 큰 수익이 날만 한 제안이었다. 의뢰인의 지분을 사가겠다는 공유자로서도 의뢰인의 지분을 사게 되면 과반수 지분권을 얻게 되어 비교적 자유롭게 땅을 관리할 권한이 생길 수 있다.

의뢰인에게 소식을 전하니 너무 쉽게 다른 공유자가 사가니 오히려 의아하다며 며칠 고민을 해보겠다고 했다. 그러나 최종적으로 경매에 부쳐 대금 분할을 받기까지 걸릴 시간과 제대로 팔릴 수 있을지도 알 수 없는 모호한 상황에서 하루 빨리 벗어나는 편이 더 낫다고 판단해 매수를 제안한 당사자와 따로 만나 매매계약을 체결하고 공유물분할소송을 취하했다.

훗날 의뢰인에게 다른 공유자들에 대한 힌트를 어떻게 얻어 입찰에 참여한 것인지 물었다. 그 때 의뢰인은 다른 두 공유자의 등기상 주소지가 모두 서울 강남이라는 것을 보고, 돈이 좀 있는 사람들이라면 경매로 헐값에 토지 지분을 넘기느니 자신의 지분을 사가지 않을까 하는 생각을 했다고 말했다. 실제로 그러한 예측이 맞아 들어가 의뢰인은 단 시간 소액으로 100% 수익률을 올렸다.

이와 비슷하게 다른 공유자가 낙찰 받은 지분을 사갈 수 밖에 없겠다고 보고 토지 지분을 낙찰 받은 사례가 몇몇 있었다. 간단한 사례를 하나 더 소개해보자면, 의뢰인이 지분을 낙찰 받은 토지가 어느 종중의 건물 앞쪽 부지였다. 의뢰인이 낙찰 받은 토지를 밟지 않는 한 도로에서 종중 건물에 진입이 어려웠다. 해당 토지의 공유자는 의뢰인과 종중 뿐이었다. 심지어 종중 건물 일부가 토지를 침범한데다 종중이 자신의 땅처럼 구조물을 세워놓은 상황이었다. 의뢰인은 이러한 사정을 보고 토지를 낙찰 받았고, 종중을 상대로 공유물분할 소송을 제기함과 동시에 임료 상당의 부당이득반환을 청구하였다.

종중은 처음에는 고자세를 유지하다가 결국 토지가 필요한 것은 본인들 뿐이고, 만에 하나 토지가 경매로 넘어가게 되면 제3자와의 또 다른 분쟁이 생길 수 있다는 점을 고려해 결국 조정을 통해 의뢰인의 지분을 사 갔다. 의뢰인이 받은 매도대금은 낙찰 받은 금액의 2배에 가까운 금액이었다.

공유물분할 소송의 상대방이 될 사람을 미리 알고 지분을 낙찰 받는 것은 결국 투자의 성패를 좌우하는 또 하나의 요소다.

사례 2 선순위 가등기 + 지분 부동산, 투자금 3배 수익으로 돌아왔다!

서울 양천구의 한 아파트 지분을 낙찰 받은 의뢰인이 있었다. 과반수 지분도 아닌 소수 지분에 불과한 물건이었는데, 선순위 가등기까지 인수되는 물건이었다. 선순위 가등기에 소수 지분이라니, 특수물건 중에는 난도가 상당히 높은 물건이었다. 의뢰인은 무엇에 주목해, 이런 물건을 낙찰 받은 걸까? 무엇이 의심스러웠고, 어디에 해결의 실마리가 있다고 생각한 걸까?

이 물건의 응찰자가 되었다고 생각하고, 공개된 정보 중에 어떤 부분이 다른 물건에 비해 평범치 않았는지 한 번 살펴보자.

6	2번 나**지분 전부이전	2009년 4월 15일 제19285호	2009년 4월 15일 강제경매로 인한 매각	공유자 지분 10분의 3 A(181201-******) 경상북도 영천시
7	2009년 5번 강제경매개시 결정등기말소 4월 15일	2009년 4월 15일 제19285호	2009년 4월 15일 강제경매로 인한 매각	
8	6번 A지분전이전 청구권가등기	2009년 4월 21일 제20939호	2009년 4월 6일 매매예약	가등기권자 B 651114-****** 경상북도 영천시

표 2 갑구

먼저, 경매목적물의 등기사항증명서 갑구를 보자. 일반적인 등기사항증명서 내용들에 비해 다소 특이한 내용을 몇 가지 찾아볼 수 있다.

A는 2009. 4. 15. '강제경매'로 부동산의 '지분'을 낙찰 받았다. A는 1918년생이다. 부동산의 지분을 낙찰 받을 당시 이미 90세에 가까운 나이였다. 가등기권자 B는 A가 낙찰받기도 전인 2009. 4. 6. 매매예약을 해두었다.

A가 낙찰 받을 걸 어떻게 알고 미리 매매예약을 했을까? 그렇게나 이 지분의 소유권이 탐났다면, 차라리 가등기권자 B 본인이 직접 낙찰 받는 게 낫지 않았을까?

지금 살펴본 모든 사실관계는 아무래도 평범치 못하다. 90세에 가까운 할머니가 아파트 지분을 경매로 낙찰 받으면서 미리 가등기를 설정하기 위한 매매예약까지 체결했다.

다음은 이 부동산 등기의 을구이다.

6	갑구6번A지분전부근저당권설정	2009년 4월 21일 제20394호	2009년 4월 9일 설정계약	채권최고액 금50,000,000원 채무자 A 경상북도 영천시 근저당권자 C 경상북도 영천시
9	갑구6번A지분전부근저당권설정	2009년 4월 21일 제20395호	2009년 4월 14일 설정계약	채권최고액 금50,000,000원 채무자 A 경상북도 영천시 근저당권자 D 경상북도 영천시

표 3 을구

근저당권자들은 모두 A가 낙찰 받은 직후 근저당권 설정등기를 했지만, 등기원인을 보면 낙찰로 소유권을 취득한 4. 15보다 모두 그 이전에 근저당권 설정계약을 해두었다.

가등기권자와 마찬가지로 두 명의 근저당권자는 A가 낙찰받을 것을 어떻게 알고 돈을 빌려주고 근저당권 설정계약을 한 것일까? 이 두 사람과 가등기권자의 주소는 모두 '영천시'라는 공통점이 발견된다.

의뢰인이 이 물건을 낙찰 받자마자 B를 상대로 한 가등기말소소송을 하였다. 가등기가 허위인지와 관련해, 90세였던 A가 낙찰

대금 마련을 어떻게 한 것인지, B가 A에게 매매예약금을 어떻게 지급했는지 등이 중점적으로 문제 되었다. B측이 제출한 계좌거래 내역을 중심으로 여러 계좌를 살필 수 있는 증거신청을 해 각 계좌의 특이점을 살펴봤다. 고령의 A가 아니라 그의 아들이 지분 낙찰을 주도한 듯했다. 사실상 한 동네 사는 사람들의 조력으로 지분을 낙찰 받은 것이었다.

계좌내역을 정리해보니, 근저당권을 설정하기로 한 C가 낙찰 받기로 한 A에게 약속한 돈을 계좌이체 하면, A는 받은 돈을 출금해 가등기권자 B에게 현금으로 건넸다. B는 A로부터 받은 돈을 다시 A 계좌에 이체해 마치 매매예약금을 지급한 것처럼 보이게 했다. 하나의 돈으로 근저당권 설정등기의 원인이 된 피담보채권과 가등기의 원인이 된 매매예약금도 만들어낸 것인데, 이를 두고 진정한 가등기, 보호할만한 가치가 있는 가등기라고 볼 순 없었다.

경매사이트에서 서울, 수도권에서 진행된 아파트 지분경매 사건들을 검색하면 이미 종료된 다른 부동산에 대한 지분경매에서 위 부동산 등기사항증명서에 등장하는 여러 인물이 똑같이 등장하는 것을 확인할 수 있었다. 맡은 역할은 물건마다 조금씩 다른 듯했지만 패턴은 거의 같았다. 지분을 낙찰받으면 선순위 가등기를 설정하고, 1, 2 순위 근저당권을 설정하는 형식이었다.

짐작해보자면, 지분을 낙찰 받아 일반 매매나 공유물분할 등으로는 뜻대로 수익이 나지 않으면, 근저당권자가 낙찰 받은 지분에 임의경매를 신청해 경매 절차에서 받은 배당금으로 투자금을 어느 정도 회수하고, 배당금이 부족할 때는 선순위 가등기를 통해 낙찰자를 압박하여 나머지 투자금을 회수하려 했던 것으로 예상된다.

이렇게 진행한 물건이 족히 20개 이상은 확인되었고, 법원경매를 오랫동안 하고 성공의 경험도 많았던 의뢰인은 이런 사정을 예의주시하고 있다가 직접 상대방들과 관련된 지분물건을 낙찰받기에 이른 것이다.

의뢰인의 승리였다. 소송이 마무리된 이후에는 다른 공유지분권자와 뜻이 맞아 제3자에게 부동산을 매도하는 형태로 수익 창출 계획을 세울 수 있었다. 의뢰인은 선순위 가등기와 지분경매라는 점 때문에 여러 차례 유찰된 지분물건을 시세보다 저렴하게 낙찰받았고, 소송이 마무리된 2년 후에는 전체 부동산 매도로 낙찰받은 가격에 딱 3배에 이르는 금액을 정산받을 수 있었다.

운도 좋았지만, 특수물건에 대한 지식과 인내심을 겸비한 의뢰인이 의연하게 견딘 덕에 수익도 절로 따라온 사례이다.

PART 4

건물주가 땅 쓰는 권리, 법정지상권

CHAPTER
1

법정지상권, 알아야 하는 이유

땅과 건물이 따로 나오는 경매

우리 법에 따르면 땅과 건물이 서로 다른 소유자에게 속할 수 있다. 실생활에서 땅과 건물이 서로 다른 사람에게 팔리는 경우는 흔치 않지만, 소유자 의사와 관계없이 빚쟁이가 신청하는 경매에서 땅과 건물이 따로 나오기도 한다.

지상 건물과 별개로 땅만 경매로 나와 다른 사람에게 팔렸다. 건물 소유자가 땅을 쓸 권리가 없다면, 땅 소유자는 건물 소유자에게 건물을 치워달라고 청구할 수 있다.

땅 쓸 권리가 필요한 건물주

땅만 경매로 나왔지만 지상 건물이 있다면, 낙찰 이후 지상 건물주에게 나가라고 청구할 수 있는지 아니면 건물주에게 땅세(지료)만 청구할 수 있는 상황인지 파악해야 한다.

건물주가 토지임차인으로서 낙찰자에게 대항력이 있을 수도 있고, 경매가 종료되면서 법정지상권을 취득할 수도 있다. 이 때는 건물주에게 토지에서 나갈 걸 청구하기 어렵고, 땅세(지료)만 요청할 수 있다. 이 책에서는 주로 문제가 많이 되는 '법정지상권'에 대해서만 살펴본다.

아파트나 빌라 같은 집합건물은 대지사용권이 필요한데, 대지사용권 자체가 발생하지 않는 경우는 실무상 드물다. 법정지상권은 땅에 단독주택이나 다가구 단독주택과 같이 등기부가 딱 하나 있는 건물이 있을 때 성립 여부를 살펴봐야 한다.

법정지상권 유무와 땅의 가치

건물주에게 법정지상권이 있다면 땅 소유자는 건물을 철거하라고 요구할 수도 없고, 건물이 있는 상태에서 아주 제한적으로 토지를 쓸 수밖에 없다. 즉, 건물이 있는 땅에 법정지상권이 성립하는 건물이 있다면, 사용하는데 한계가 있어 가치가 나대지에 비해 크게 떨어진다.

건물이 있어도 법정지상권이 성립하지 않는다면 땅 소유자는 건물주에게 건물을 철거하라고 청구한 뒤, 건물이 철거되면 나대지가 된 토지를 자기가 원하는 대로 쓸 수 있다. 아무것도 없는 땅만큼은 아니더라도 법정지상권이 성립하는 건물이 있는 땅보다 가치가 있는 땅으로 평가할 수 있다.

초보자들에게 권하는 법정지상권 기초 사례

기본적으로 임의경매에서는 민법 제366조 법정지상권이 성립하는지, 강제경매에서는 관습상의 법정지상권이 성립하는지 따져봐야 한다. 다만, 초보자들은 토지만 나온 경매 절차에서 지상에 신축 건물이 있는 사례 위주로 법정지상권 분석을 시작하는 게 좋다. 오래된 건물로 소유자가 여러 번 바뀌었다면 말소기준 권리에 앞서 이미 법정지상권이 성립하였을 수도 있다.

예를 들어 갑돌이가 건물과 토지를 모두 소유하고 있다가 채권자의 강제경매신청으로 토지 소유권을 잃었다고 해보자. 을순이가 토지를 낙찰받았을 때, 일정 조건이 충족되어 갑돌이는 을순이에게 건물 소유를 위한 관습법상 법정지상권을 행사할 수 있게 되었다. 이후 을순이가 자신의 토지에 근저당권을 설정하였고, 근저당권자가 을순이의 토지만 경매에 넣었다. 근저당권이 설정되기 전 이미 갑돌이는 관습법상 법정지상권을 취득한 상태였으므로, 을순이가 토지에 설정한 근저당권이 임의경매 절차에서 말소기준 권리가 되면, 갑돌이의 토지에 대한 법정지상권은 말소기준 권리보다 앞서는 권리로 낙찰자가 인수하는 권리가 된다.

이처럼 오래된 건물이 있는 때라면, 등기사항증명서를 보고 특정 시점에 이미 법정지상권이 성립하였는지를 따로 따져봐야 하므로 초보자가 분석하기 쉽지 않다.

CHAPTER
2

법정지상권 이란?

지상권자의 힘

지상권은 타인의 토지에 건물 기타 공작물이나 수목을 소유하기 위해 토지를 사용하는 권리이다. 지상권이 없는 건물은 토지를 사용할 수 있는 다른 적절한 권리_{예: 토지 임차권}가 없는 한 토지 소유자에게 토지를 사용하는 데 방해가 될 뿐이니, 철거 청구의 대상이 된다.

지상권이 생기는 근거

지상권 취득 방식은 법률행위에 의한 취득_{지상권 설정계약 및 등기} 또는 법률 규정에 따른 취득_{법정지상권}으로 나눠볼 수 있다. 등기사항전부증명서 '을구'에 등기된 지상권의 예로는, 은행이 땅을 담보로 돈을 빌려주고 근저당권을 설정하면서 그와 함께 지상권을 설정하는 경우다. 금융기관이 저당권과 함께 지상권을 설정하는 이유는, 대출한 돈을 회수할 때까지 제3자가 토지를 사용할 수 있는 권리를 얻거나 여타 토지의 담보가치를 하락시키는 행위를 하지 못하게 해, 저당권을 설정한 부동산의 담보가치를 확보하는 데 목적이 있다.

담보가치를 유지하는 데 목적이 있을 뿐 실제 토지를 사용하는 데 의미가 있는 지상권이 아니기 때문에 대개는 지료 지급 없이 실제로는 채무자_{소유자}가 토지를 점유·사용하도록 한다.

법정지상권 수익 창출법

① 법정지상권 없는 건물의 운명

토지만 낙찰 받았고 지상 건물에는 법정지상권이 없다. 토지의 가치를 높이려면 일단 토지를 쓰는 데 방해가 되는 건물을 없애야 한다. 토지 소유자는 무단으로 건물을 소유하며 사용하는 건물주를 상대로 건물을 철거해 깨끗한 상태의 토지를 내놓으라는 취지의 소송을 해야 한다. 이 때, 토지를 사용한 대가(땅세, 지료)도 함께 청구한다. 소송에 승소한 토지주 의뢰인들이 택하는 수익 창출법은 크게 두 가지로 나눠진다.

② 헐값에 건물 사들이기

건물을 철거하라는 소송에서 토지주가 승소하면, 건물주는 꼼짝없이 건물을 철거해야 한다. 건물주 스스로 건물 철거를 하지 않으면, 판결문을 가진 토지주가 법원에 집행을 신청해 건물을 철거해 버릴 수도 있다.

건물을 철거하라는 판결이 있는 이상, 건물주는 토지주보다 협상하는 데 쓸 수 있는 좋은 패가 별로 없다. 토지주는 협상에서 강하게 나갈 수 있다. 철거될 건물을 살 사람은 없으므로 이런 점을 이용해 토지주는 건물주에게 건물을 철거당하느니, 차라리 자신에게 팔아 보는 게 어떻겠냐고 제안한다. 당연히 건물 가격은 시세보다 저렴하게 제시한다. 싼값에 건물을 취득한 다음, 건물과 토지를 제3자에게 제값으로 판다. 건물이 있는 토지는 아무래도 나대지보다는 가치가 떨어지니 낮은 가격에 토지를 낙찰 받고, 건물마저 싸게 산다면 수익은 극대화된다.

건물주와 협상할 기회가 없거나, 건물주가 건물 매도에 응하지 않는다면 또 다른 방법을 쓸 수 있다. 토지주는 건물주를 상대로 토지에서 건물을 깨끗이 치울 때까지 지료를 달라는 판결을 같이 받아놓는다. 받을 돈이 있는 토지주는 돈을 안 주는 건물주의 부동산을 '경매'로 넣어 현금화시킬 수 있다. 따라서 토지주는 부당이득금 지료 판결을 받아둔 것을 근거로 지상 건물을 강제경매에 부친다.

법정지상권이 성립하지 않는 건물에 관심을 가질 사람은 흔치 않다. 토지주는 건물이 유찰되기를 기다렸다가 싼 가격에 건물소유권을 취득한다.

③ 웃돈 받고 토지 팔기

때로는 건물주가 건물과 토지에 애착이 강한 경우도 있다. 이

때는 경매에서 받은 가격에 약간의 웃돈을 받고 토지를 팔기도 하는데, 보통은 건물을 헐값에 사들이는 방향이 더욱 수익이 극대화 되니, 이 선택을 하는 경우는 드물다.

법정지상권의 종류

계약이나 등기 없이, 일정한 조건이 갖추어지면 저절로 발생하도록 법에서 규정한 지상권을 '법정지상권'이라고 한다. 법정지상권은 민법 제366조에 의한 법정지상권과 관습법상 법정지상권 두 개로 나뉜다.

민법 제366조에 의한 법정지상권은 '저당물의 경매'로 인하여 지상 건물과 토지의 소유자가 다른 사람에 속할 것이 요건 중 하나다. 여기에서 저당물의 경매는 '임의경매'를 뜻한다. 그러나 토지와 건물의 소유자가 서로 달리 속하게 되는 원인에는 임의경매 말고도 강제경매에서도 존재한다.

민법 제366조가 임의경매만 규정하고 있긴 하나, 토지 소유자와 건물 소유자가 달라지는 때는 다양하다. 대지를 사용하는 데 특별한 합의가 존재하지 않는다는 사정을 들어 토지 소유자가 건물을 철거할 수 있다고 한다면, 수시로 건물들은 철거될 것이다. 멀쩡한 건물이 철거된다는 건 사회경제적으로도 큰 손해다.

이에 대법원은 '관습법상의 법정지상권'을 인정하여 매매, 증여, 강제경매, 국세징수법에 의한 공매 등 기타 적법한 원인으로 토지와 건물의 소유자가 달라질 시 일정한 요건을 충족하면 건물에 법정지상권이 성립하도록 하고 있다.

법정지상권자가 내야 하는 땅세

법정지상권은 건물을 소유하기 위해 토지를 '사용'하는 권리이지, 토지에 대한 '소유권'이 있는 것은 아니다. 토지 소유자의 자유로운 사용·수익을 제한하는 만큼, 법정지상권이 있다 하더라도 건물 소유자는 토지 소유자에게 '지료(땅세)'를 지급해야 한다.

토지 소유자는 법원에 건물 소유자를 상대로 지료청구를 할 수 있다. 지료가 확정판결 전후에 걸쳐 2년분이 미납되면, 토지 소유자는 법정지상권자에게 지상권 소멸청구를 할 수 있다.

CHAPTER
3

민법 366조
법정지상권
발생 조건

가장 앞서는 저당권 설정 시점에 있어야 하는 '건물'

저당권자가 건물이 있는 줄 알고 돈을 빌려줬을 것

저당권인데 담보할 채무의 최고액만 정해두고 채무 액수의 확정을 장래에 보류하는 저당권을 '근저당권'이라고 한다. 실무에서는 보통 근저당권 등기를 더 많이 쓴다. 아래에서 설명하는 '저당권'에는 '근저당권'을 포함한다.

토지를 담보로 대출해준 은행이 있다. 은행은 돈을 빌려줄 때 땅 가치를 보고 빌려줄 돈의 액수를 정한다. 돈을 빌려주고 토지에 저당권을 설정할 당시에는 땅에 아무것도 없었는데, 그 이후 지상에 10층짜리 건물이 들어섰다. 만약, 건물에 법정지상권이 있어 토지 소유자가 건물철거 청구를 할 수 없다면, 지상 건물 때문에 이용 제한이 큰 토지는 나대지보다 당연히 가치가 떨어진다. 이런 토지를 경매 절차에서 제값 주고 살 사람은 없다.

은행은 건물 신축이라는 예상치 못한 사정으로 토지를 경매에 넣더라도 대출금 회수가 어려워진다. 은행으로서는 저당권 설정 당시 예상할 수 없었던 사정으로 손해를 보게 된다. 따라서 경매 절차에서 말소되는 최선순위 저당권 설정 당시 땅에 건물이 존재하지 않았다면 그 이후 지상에 건물이 건축되었다 하더라도 그 건물을 위해 법정지상권이 성립할 수 없다.

저당권자가 건물 짓는 것을 알고 돈을 빌려줬다면?

금융기관에 돈을 빌릴 때 땅 소유자가 "저 앞으로 이 땅에 건물을 지을 생각입니다."라고 이야기를 해줬고, 금융기관이 이러한 사정에 동의한 때가 있을 수도 있다. 금융기관이 앞으로 땅에 건물이 생겨 땅의 가치가 떨어질 것을 알고 돈을 빌려줬을 테니, 훗날 건물이 신축되어 그 건물에 법정지상권이 성립한다고 하더라도 은행이 경매 절차에서 대출금을 예상보다 적게 받는 일은 없을 것이다.

하지만 이런 금융기관의 동의는 응찰자가 파악할 수 있는 부분이 아니다. 임장을 기가 막히게 하는 분으로 정보 수집에 일가견이 있는 독자라면 알 수도 있다. 하지만 응찰하는 모든 사람에게 공평하고도 객관적으로 드러나는 사정은 아니다.

건물에 법정지상권이 성립하는가의 문제는 건물 없는 토지를 담보로 돈을 빌려준 은행에도 중요한 화두이지만, 경매상 토지 소유권을 취득한 사람에게도 그 못지않게 깊은 관련이 있다.

토지나 건물 중 하나만 경매에 나왔다면, 각 부동산의 가치를 바로 알고 입찰가를 쓰기 위해서는 객관적인 정보만으로도 지상 건물에 대한 법정지상권이 성립하는지를 알 수 있는지가 중요하다. 응찰자가 등기사항증명서나 건축물대장 등으로 토지에 대한 근저당권 설정 당시 건물이 존재하였는지를 파악했는데, 공시되지 않은 정보인 금융기관의 주관적인 동의라는 사정으로 법정지상권의 발생여부가 뒤바뀌어 버리는 것은 부당하다고 지적할 만하다.

대법원 또한 법적 안정성을 고려할 때 건물 없는 토지에 근저당권이 설정된 이상 금융기관이 장차 건물 신축에 동의하였다 하더라도 건물에 법정지상권이 성립할 수는 없다고 판시한다.

> **근저당권자의
> 건물 신축 동의에 대한 판결**
>
> 대법원 2003. 9. 5. 선고 2003다26051 판결 [건물등철거등]
>
> 민법 제366조의 법정지상권은 저당권 설정 당시부터 저당권의 목적되는 토지 위에 건물이 존재할 경우에 한하여 인정되며, 토지에 관하여 저당권이 설정될 당시 그 지상에 토지소유자에 의한 건물의 건축이 개시되기 이전이었다면, **건물이 없는 토지에 관하여 저당권이 설정될 당시 근저당권자가 토지소유자에 의한 건물의 건축에 동의하였다고 하더라도 그러한 사정은 주관적 사항이고 공시할 수도 없는 것이어서** 토지를 낙찰받는 제3자로서는 알 수 없는 것이므로 그와 같은 사정을 들어 법정지상권의 성립을 인정한다면 토지 소유권을 취득하려는 제3자의 법적 안정성을 해하는 등 법률관계가 매우 불명확하게 되므로 법정지상권이 성립되지 않는다.

이런 건물에도 법정지상권 생길까?

미등기, 무허가 건물

무허가 건물이나 미등기 건물에도 법정지상권은 성립한다. 민법 제366조 법정지상권은 물론 뒤에서 살펴보는 관습법상 법정지상권도 마찬가지로 발생한다.

그런데 이런 건물들은 '소유자'가 누구인지, '언제' 지어졌는지 알기가 어렵다. 토지 경매에서 지상에 미등기 건물이 있다면 소유자가 누구인지를 알아보는 별도의 노력이 필요한데, 건축물대장상 소유자건축주, 건축허가 당시의 건축주가 누구인지 찾아보고, 건물 공사는 누가했으며 공사계약이 어떤 내용인지까지 알아보는게 좋다.

건물신축공사시 신축된 건물 소유권에 관한 판결

대법원 1992. 8. 18. 선고 91다25505 판결 [건물명도]

가. 일반적으로 자기의 노력과 재료를 들여 건물을 건축한 사람은 그 건물의 소유권을 원시취득하는 것이고, 다만 도급계약에 있어서 수급인이 자기의 노력과 재료를 들여 건물을 완성하더라도 도급인과 수급인 사이에 도급인 명의로 건축허가를 받아 소유권보존등기를 하기로 하는 등 완성된 건물의 소유권을 도급인에게 귀속시키기로 합의한 것으로 보여질 경우에는 그 건물의 소유권은 도급인에게 원시적으로 귀속된다.

저당권 설정 당시 짓던 건물

저당권 설정 당시 건물이 '존재'해야 한다. 그렇다면 저당권이 설정될 때 '짓던 중인 건물'이 있었다면 어떨까?

토지에 저당권이 설정될 당시 토지 소유자에 의하여 지상 건물이 건축 중이었고, 지붕·기둥·주벽 등을 갖춘 독립된 건물로 볼 수 있을 정도에 이르지 않았다 하더라도 건물의 규모나 종류가 외형상 예측할 수 있는 정도까지 건축이 진전되어 있었고, 그 후 경매에서 매수인이 매각대금을 다 낸 때까지 독립된 부동산으로서의 건물의 요건을 갖추면 법정지상권은 성립한다. 이때 주의할 점은 건물의 한 층이라도 지붕·기둥·주벽이 갖춰지면 독립된 건물로 평가될 수 있다는 사실이다. 대법원은 지상 7층 건물로 설계되어 있으나, 경매 낙찰 당시 지하 1, 2층 및 지상 1층까지의 콘크리트 골조 및 기둥, 천장슬라브공사가 완료되어 있고, 지상 1층의 전면남쪽에서 보아 좌측서쪽 벽과 뒷면북쪽 벽 그리고 내부 엘리베이터 벽체가 완성된 때 독립된 건물로서의 요건을 갖췄다고 평가했다.

건물이 완공되었지만 미등기 상태로 있다가 늦게 등기가 되는 경우도 많다. 검색포털의 위성지도나 거리뷰 등을 이용하면 근저당권이 설정되던 때, 건물이 존재했는지 또 건물이 지어지던 중이었는지를 확인할 수 있으니 법정지상권 성립 여부를 등기사항증명서만 보고 단정 지어서는 안 된다.

저당권 설정 당시 짓던 건물에 대한 판결

대법원 2004. 6. 11. 선고 2004다13533 판결 [건물철거및토지인도등]

민법 제366조의 법정지상권은 저당권 설정 당시 동일인의 소유에 속하던 토지와 건물이 경매로 인하여 양자의 소유자가 다르게 된 때에 건물의 소유자를 위하여 발생하는 것으로서, 토지에 관하여 저당권이 설정될 당시 토지 소유자에 의하여 그 지상에 건물을 건축중이었던 경우 그것이 사회관념상 독립된 건물로 볼 수 있는 정도에 이르지 않았다 하더라도 건물의 규모·종류가 외형상 예상할 수 있는 정도까지 건축이 진전되어 있었고, <u>그 후 경매 절차에서 매수인이 매각대금을 다 낸 때까지 최소한의 기둥과 지붕 그리고 주벽이 이루어지는 등 독립된 부동산으로서 건물의 요건을 갖추면 법정지상권이 성립하며, 그 건물이 미등기라 하더라도 법정지상권의 성립에는 아무런 지장이 없는 것이다</u>

고수의 팁

등기부가 만들어지기 전이라도, 건물은 존재할 수 있다!

법정지상권 성립여부와 관련해 상담을 요청한 의뢰인이 있었다. 본인이 토지를 낙찰받았고 지상에 다른 사람 소유의 건물이 있는데, 낙찰 전 법정지상권이 성립하지 않은 것으로 파악했으니 건물철거소송을 진행해달라는 것이다.

법정지상권 성립 여부는 더 따질 필요도 없으니 소송을 해줄지 말지를 결정해달라고 요구하는 확신에 찬 의뢰인이었다.

의뢰인의 설명으로는 토지에 최선순위 근저당권이 설정될 당시에 건물이 없었다 한다. 등기사항증명서상 토지에는 2014년에 근저당권이 설정되었고, 2016년에 건물소유권 보존등기가 되었다. 등기부만 봐서는 토지 근저당권이 설정될 당시 건물이 없었던 것으로 보였다.

그러나 건축물대장을 확인하니 건물 착공 신고는 이미 2012년에 이루어졌다. 그로부터 2년 뒤 토지에 근저당권이 설정되었으니, 근저당권이 설정된 2014년에는 제대로 착공이 되었다면 건물이 완공되었을 가능성이 매우 커 보였다.

객관적인 증거를 더 확보하기 위해 네이버, 다음, 구글 등의 거리뷰를 중복으로 확인했다. 토지에 근저당권이 설정된 2014년에는 지상 건물이 외관상 완성 단계였다.

토지에 근저당권이 설정될 당시에 건물이 이미 존재하였음은 물론, 적어도 근저당권 설정 당시 건물의 규모나 종류가 외형상 예측할 수 있는 정도까지 건축이 진전되었다고 볼 수 있었다.

의뢰인은 등기사항증명서만 확인한 채 토지에 근저당권 설정 당시 건물이 없었으므로, 건물에 법정지상권이 성립하지 않는다고 보고 토지를 낙찰 받은 것이었다.

땅에서 잘 떨어지는 가설건축물

토지 경매에서는 토지에 '정착'하지 않아 건축법상 '건축물'에 해당하지 않는 가설건축물에 대하여 법정지상권이 성립하는지가 종종 문제 된다. 쉽게 볼 수 있는 예로, 이동이 쉬워 보이지만 누군가 사용하고 있는 듯한 '컨테이너'가 있을 때, 이런 물건에도 법정지상권이 성립할지 궁금해진다.

독립된 부동산으로서 건물은 토지에 정착되어 있어야 하는데 민법 제99조 제1항, 가설건축물은 일시 사용을 위해 건축되는 구조물로서 설치 당시부터 일정한 기간이 지난 후 철거가 예정되어 있어 일반적으로 토지에 정착되어 있다고 보기 어렵다.

민법상 건물에 대한 법정지상권의 최단 존속기간은 견고한 건물이 30년, 그 밖의 건물이 15년인 데 비하여, 건축법령상 가설건축물의 존치기간은 통상 3년 이내로 정해져 있다. 이 때문에 대법원은 가설건축물은 특별한 사정이 없으면 독립된 부동산으로서 건물의 요건을 갖추지 못하여 법정지상권이 성립하지 않는다고 판단한다. 대법원 판례에 비춰보면, 땅에서 분리가 쉬운 컨테이너 등의 구조물들은 법정지상권 성립이 어려운 대상이라고 지적해볼 수 있다.

가설건축물의 법정지상권 성립여부에 관한 판결

대법원 2021. 10. 28. 선고 2020다224821 판결 [토지인도]

민법 제366조의 법정지상권은 저당권 설정 당시 동일인의 소유에 속하던 토지와 건물이 경매로 인하여 양자의 소유자가 다르게 된 때에 건물의 소유자를 위하여 발생하는 것으로서, 법정지상권이 성립하려면 경매절차에서 매수인이 매각대금을 다 낸 때까지 해당 건물이 독립된 부동산으로서 건물의 요건을 갖추고 있어야 한다.

독립된 부동산으로서 건물은 토지에 정착되어 있어야 하는데(민법 제99조 제1항), 가설건축물은 일시 사용을 위해 건축되는 구조물로서 설치 당시부터 일정한 존치기간이 지난 후 철거가 예정되어 있어 일반적으로 토지에 정착되어 있다고 볼 수 없다. 민법상 건물에 대한 법정지상권의 최단 존속기간은 견고한 건물이 30년, 그 밖의 건물이 15년인 데 비하여, **건축법령상 가설건축물의 존치기간은 통상 3년 이내로 정해져 있다. 따라서 가설건축물은 특별한 사정이 없는 한 독립된 부동산으로서 건물의 요건을 갖추지 못하여 법정지상권이 성립하지 않는다.**

저당권 설정 시, 건물과 토지의 소유자가 같을 것

저당권이 설정될 당시, 토지와 건물의 소유자가 같았는데, 훗날 임의경매로 인하여 토지나 건물의 소유자가 달라졌을 때 건물을 위한 법정지상권이 성립한다.

저당권 설정 당시 토지와 건물의 소유자가 달랐다면, 어차피 법정지상권이 아니라 그 이전에 건물 소유자와 토지 소유자가 토지를 어떻게 쓸 것인지에 대해서 충분히 협의할 기회가 있다. 이런 건물 소유자를 '보호'하기 위해 법정지상권을 인정해줄 필요는 없다.

건물과 토지 소유자가 저당권 설정 당시 같았는지는 등기사항증명서를 찾아보면 바로 알 수 있다. 다만, 미등기 건물은 소유자를 알기란 쉽지 않다. 건축물 대장이 있다면 건축주나 소유자가 누구로 기재되어 있는지 따로 살펴봐야 한다.

저당권자가 신청한 경매로 토지와 건물의 소유자가 달라질 것

토지나 건물에 설정된 저당권의 실행으로 인한 '임의경매'에서 토지와 건물의 소유자가 달라진다면, 건물 소유자에게는 민법 제366조의 법정지상권이 성립할 수 있다.

판결문 등을 근거로 신청한 '강제경매'는 민법 제366조 법정지상권이 아니라 뒤에서 보는 관습법상 법정지상권이 문제 된다. 낙찰 받고자 하는 토지가 임의경매로 나온 것인지는 매각물건명세서 사건번호 칸이나 등기사항증명서 갑구의 경매개시결정등기 란을 보면 알 수 있다.

마음대로 포기 못 하는 민법 제366조 법정지상권

멀쩡히 잘 성립한 법정지상권을 건물 소유자가 포기하거나 배제하기로 하는 특약을 할 수 있을까? 아니다. 민법 제366조에 의한 법정지상권은 공익상의 이유로 지상권 설정을 '강제'한다.

법정지상권을 배제하는 약정을 하더라도 이런 약정은 효력이 없다. 이 점은 바로 다음에 살펴볼 관습법상 법정지상권과 비교해야 할 부분이다.

CHAPTER
4

관습법상 법정지상권 발생 조건

토지와 건물이 '이 때' 같은 사람 소유일 것

'압류'의 효력이 발생하는 때 토지와 지상 건물이 같은 사람 소유여야 한다. 강제경매에서 압류의 효력 발생하는 때는 경매개시결정이 채무자에게 송달된 시기_{법원문건송달내역상 확인}와 경매개시결정등기가 된 시기_{등기사항증명서상 갑구에서 확인} 중 먼저 된 시기이다. 한편, 경매 절차상 말소되는 최선순위 저당권이 따로 존재한다면, 저당권 설정 당시를 기준으로 토지와 지상건물이 같은 사람에게 속하였는지에 따라 관습상 법정지상권 성립여부를 판단해야 한다.

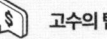 **고수의 팁** 강제경매 신청한 사람이 가압류에 근거하여 진행한 경매 신청이라면, 언제를 기준으로 법정지상권이 성립하는지 봐야 할까?

강제경매는 보통 '판결문'을 집행권원으로 이루어지는 경우가 많다. 갑돌이가 을순이에게 5억 원을 빌려줬다고 가정해보자. 을순이가 갚기로 한 날짜가 되도 돈을 갚지 않자, 갑돌이는 어쩔 수 없이 법원에 소장을 낸다. 을순이에게 5억 원 및 지연이자를 갚으라는 취지다.

이때, 을순이의 유일한 재산으로 확인된 한 필지의 토지가 있다면, 갑돌이는 받을 돈이 있지만 판결을 통해 확정되지 않은 만큼 미리 부동산 '가'압류 결정을 받을 수 있다. 소송을 진행하는 동안 을순이가 토지의 가치를 더 떨어뜨리지 못하게 할 의도로 진행하는 것이다. 훗날 경매를 대비하는 차원이다.

이후 갑돌이가 확정판결을 받으면 갑돌이는 기존의 가압류 결정을 본압류로 이행하여 강제경매를 진행할 수 있다. 그런데 이때 가압류 결정 시에는 분명 을순이의 토지에 A 소유의 건물이 있어 법정지상권이 성립할 여지가 없었는데, 강제경매 개시결정 기입등기 시(본 압류 시)에 을순이가 건물의 소유자가 되었다고 해보자.

갑돌이로서는 가압류 받을 때만 하더라도, 토지 지상의 건물에 법정지상권이 성립할 여지가 없어 환가를 하더라도 자기 돈을 충분히 회수할 만큼 가치가 어느 정도 있는 땅이었는데, 확정판결을 받고 토지를 경매에 넣을 때가 되니 을순이가 건물의 소유자가 되어 건물에 법정지상권이 성립할 수 있다면, 갑돌이가 가압류를 통해 토지의 가치를 보전하고자 했던 노력이 별 효과가 없어진다.

따라서 이런 때 대법원 판례는 경매의 목적이 된 부동산에 대하여 가압류가 있고 그것이 본압류로 이행된 경매 절차가 진행되면, 애초 가압류가 효력을 발생하는 때를 기준으로 토지와 그 지상 건물이 동일인에게 속하였는지를 판단하여야 한다고 보고 있다.

가압류권자의 경매신청, 건물과 토지 소유자의 동일성 판단 시기에 대한 판결

대법원 2012. 10. 18., 선고, 2010다52140, 전원합의체 판결

강제경매의 목적이 된 토지 또는 그 지상 건물의 소유권이 강제경매로 인하여 그 절차상의 매수인에게 이전된 경우에 건물의 소유를 위한 관습상 법정지상권이 성립하는가 하는 문제에 있어서는 그 매수인이 소유권을 취득하는 매각대금의 완납 시가 아니라 그 압류의 효력이 발생하는 때를 기준으로 하여 토지와 그 지상 건물이 동일인에 속하였는지가 판단되어야 한다. 강제경매개시결정의 기입등기가 이루어져 압류의 효력이 발생한 후에 경매목적물의 소유권을 취득한 이른바 제3취득자는 그의 권리를 경매 절차상 매수인에게 대항하지 못하고, 나아가 그 명의로 경료된 소유권이전등기는 매수인이 인수하지 아니하는 부동산의 부담에 관한 기입에 해당하므로(민사집행법 제144조 제1항 제2호참조) 매각대금이 완납되면 직권으로 그 말소가 촉탁되어야 하는 것이어서, 결국 매각대금 완납 당시 소유자가 누구인지는 이 문제맥락에서 별다른 의미를 가질 수 없다는 점 등을 고려하여 보면 더욱 그러하다. 한편 강제경매개시결정 이전에 가압류가 있는 경우에는, 그 가압류가 강제경매개시결정으로 인하여 본압류로 이행되어 가압류집행이 본집행에 포섭됨으로써 당초부터 본집행이 있었던 것과 같은 효력이 있다. 따라서 경매의 목적이 된 부동산에 대하여 가압류가 있고 그것이 본압류로 이행되어 **경매 절차가 진행된 경우에는, 애초 가압류가 효력을 발생하는 때를 기준으로 토지와 그 지상 건물이 동일인에 속하였는지를 판단하여야 한다.**

강제경매로 토지와 건물의 소유자가 달라질 것

관습법상 법정지상권은 근저당권의 실행을 위한 경매인 '임의경매'가 아니라 '강제경매'국세징수법에 의한 공매, 매매나 증여, 공유물분할로 인해 토지와 건물의 소유자가 달라질 때 성립할 수 있다.

포기할 수 있는 관습법상 법정지상권

민법 제366조 법정지상권과 구분되는 점이 있다. 바로 건물과 소유자가 관습법상 법정지상권을 포기할 수 있다는 부분이다. 대표적인 예로는 건물 소유자가 토지 소유자와 건물철거 특약을 한 때다.

  건물 소유자가 스스로 건물을 철거하겠다고 밝혀 이미 성립한 법정지상권을 포기한 때에는 법정지상권이 사라지게 되는 것이다. 포기나 배제 특약을 인정하지 않는 민법 제366조 법정지상권과 구분해야 할 점이다. 다만, 이때 철거 특약은 단순히 건물을 철거하겠다는 내용만이 아니라 건물을 철거함으로써 토지의 계속된 사용을 그만두고자 하는 정도에 이르러야 한다. 또 다른 '포기'의 예로는, 토지 소유자와 건물 소유자가 건물 소유를 목적으로 '토지 임대차 계약'을 체결한 때다.

CHAPTER
5

땅 주인이
'새로 지은 건물',
법정지상권
어떻게 생길까?

새 건물이 헌 건물 취급 받아야 하는 때

민법은 지상권의 존속기간에 대해 최단기간_{견고한 건물, 수목: 30년, 그 외 건물: 15년, 건물 외의 공작물: 5년}을 제한하고 있다. 당사자 사이에 약정이 있다면 그보다 길게 하는 것도 가능하다.

토지와 지상 건물 중 토지를 담보로 해 갑돌이가 돈을 빌리고 은행에 근저당권을 설정해줬다. 지상 건물은 흙집이었고, 갑돌이가 은행으로부터 돈을 빌려 흙집을 철거하고 콘크리트로 된 단독주택을 지었다. 갑돌이가 돈을 갚지 못해, 은행이 근저당권 실행을 위해 임의경매를 신청한다. 경매 절차에서 갑돌이의 토지를 을순이가 샀다. 갑돌이의 콘크리트 단독주택에 법정지상권이 성립할 수 있을까?

견고한 건물인지는 물리적·화학적 외력, 화재에 대한 저항력 등을 종합적으로 판단하기 때문에 단순히 흙집이라고 해서 견고한 건물이 아니라고 단정 지을 수는 없지만, 이 사례에서는 일단 견고한 건물이 아니라고 해보자. 은행 입장으로는 토지에 근저당권 설정 당시 갑돌이의 흙집을 구건물 기준으로 법정지상권이 성립하더라도 존속 기한이 15년쯤 될 거라고 예상했을 것이다. 갑자기 '콘크리트'로 된 견고한 건물이 지어졌다고 해서 법정지상권의 존속기간이 30년이라고 해버리면 땅의 이용 가치, 즉 담보가치 파악에 있어 예상치 못한 손해를 얻게 된다.

이처럼 구건물 멸실 후 신건물이 지어졌을 때, 대법원은 구 건물을 기준으로 그 유지, 사용에 일반적으로 필요한 범위 내의 대지부분으로 법정지상권의 범위가 제한되고, 그 외 증축, 신축된 건물까지 법정지상권 범위가 확장되지 않는다고 본다.

새 건물을 빚쟁이에게 추가 담보로 줘야 하는 때

토지와 오래된 건물 둘 다 담보물로 내세워 갑돌이가 은행에서 돈을 빌렸다. 새 건물을 짓기 위한 공사대금을 마련하기 위함이다. 은행이 담보로 취득한 전체 가치를 10이라고 한다면, 낡고 오래된 건물의 가치는 2, 토지 가치는 8 정도로 매길 수 있을 것이다.

건물이 철거로 멸실되면 건물의 등기사항증명서도 사라져 버린다. 물리적으로 존재하지 않는 건물의 등기를 굳이 남겨둘 필요는 없기 때문이다. 이때 은행의 구건물에 대한 근저당권은 함께 말소될 뿐, 신축 건물로 근저당권이 옮겨가지 않는다. 집주인 갑돌이가 건물을 모두 지은 후 신축 건물을 은행에 추가 담보로 제공해야 은행은 근저당권을 설정할 수 있다.

건물이 신축되었고 등기사항증명서도 작성되었다. 소유자는 애초에 토지와 건물 둘 다 담보로 돈을 빌렸으니, 은행이 담보를 제대로 잡고 있으려면 갑돌이가 새로운 건물을 은행에 담보로 제공해야 할 것이다. 문제가 되는 경우는, 새 건물에 집주인이 은행에 토지와 같은 순위의 근저당권을 설정해주지 않았을 때다.

대출금이 연체되고, 은행은 하는 수 없이 땅만 경매에 내놓는다. 신축 건물이 떡하니 지상에 존재하는데 말이다. 근저당권 설정 당시 건물이 존재했고, 땅과 건물의 소유자가 같았으니, 민법 제366조의 법정지상권이 성립된다고 봐야 할까? 만약, 새 건물에 민법 제366조의 법정지상권이 성립한다고 본다면, 땅의 이용에 심하게 제한이 있는 상황이라 땅은 아주 저가에 팔리거나 살 사람이 없는 지경에 이를 것이다. 구건물을 기준으로 은행이 취득한 담보가치 10중 땅의 가치가 8, 낡은 건물의 가치를 2로 매겼었다. 낡은 건물에 대한 근저당권이 사라지고 새 건물이 지어졌다면, 가치에는 변동이 생길 것이다. 일단, 낡은 건물에 대한 담보가치 2는 어디론가 날아가 버렸다.

은행은 땅에 대한 근저당권밖에 없으니, 8 정도의 담보는 확보한 걸까? 아마도 아닐 것이다. 땅에 새로운 신축 건물이 들어섰고, 법정지상권까지 성립하면 땅의 가치는 8이 아니라 도리어 4~5 수준에 불과할 정도로 감소한다. 은행으로서는 담보를 취득할 때 예상치 못한 사정으로 담보물의 가치가 엄청나게 하락해 경매 절차에서 대출금을 제대로 회수할 수 없는 손해를 얻게 된다. 따라서 이런 경우, 대법원은 갑돌이가 은행에 토지와 동 순위의 근저당권을 신축 건물에 설정해주지 않는 이상, 신축 건물을 위한 법정지상권은 성립하지 않는다고 본다.

은행이 취득한 담보가치 10중 토지에 대한 가치는 신축 건물의 존재로 사용이 제한되는 만큼 4~5 정도로 떨어지더라도, 신축 건물의 가치가 낡은 건물에 비해 좋은 만큼 그 가치를 5~6 정도로 매길 수 있을 테니, 처음에 취득한 담보가치 10은 신축 건물에 대한 토지와 같은 순위의 근저당권 설정으로 유지될 수 있다고 보는 것이다.

다음에 나오는 대법원 판례와 필자가 앞서 했던 설명을 번갈아 한 번 읽어보자. 이해가 어렵지 않을 것이다.

공동저당 설정 후 지어진 새 건물에 대한 판결

대법원 2003. 12. 18. 선고 98다43601 전원합의체 판결 [건물철거등] [집51(2)민,315;공2004.1.15.(194),134]

[1] [다수의견] 동일인의 소유에 속하는 토지 및 그 지상 건물에 관하여 공동저당권이 설정된 후 그 지상 건물이 철거되고 새로 건물이 신축된 경우에는 그 신축 건물의 소유자가 토지의 소유자와 동일하고 토지의 저당권자에게 신축 건물에 관하여 토지의 저당권과 동일한 순위의 공동저당권을 설

정해 주는 등 특별한 사정이 없는 한 저당물의 경매로 인하여 토지와 그 신축 건물이 다른 소유자에 속하게 되더라도 그 신축 건물을 위한 법정지상권은 성립하지 않는다고 해석하여야 하는바, 그 이유는 동일인의 소유에 속하는 토지 및 그 지상 건물에 관하여 공동저당권이 설정된 경우에는, 처음부터 지상 건물로 인하여 토지의 이용이 제한 받는 것을 용인하고 토지에 대하여만 저당권을 설정하여 법정지상권의 가치만큼 감소된 토지의 교환가치를 담보로 취득한 경우와는 달리, 공동저당권자는 토지 및 건물 각각의 교환가치 전부를 담보로 취득한 것으로서, 저당권의 목적이 된 건물이 그대로 존속하는 이상은 건물을 위한 법정지상권이 성립해도 그로 인하여 토지의 교환가치에서 제외된 법정지상권의 가액 상당 가치는 법정지상권이 성립하는 건물의 교환가치에서 되찾을 수 있어 궁극적으로 토지에 관하여 아무런 제한이 없는 나대지로서의 교환가치 전체를 실현시킬 수 있다고 기대하지만, 건물이 철거된 후 신축된 건물에 토지와 동순위의 공동저당권이 설정되지 아니 하였는데도 그 신축 건물을 위한 법정지상권이 성립한다고 해석하게 되면, 공동저당권자가 법정지상권이 성립하는 신축 건물의 교환가치를 취득할 수 없게 되는 결과 법정지상권의 가액 상당 가치를 되찾을 길이 막혀 위와 같이 당초 나대지로서의 토지의 교환가치 전체를 기대하여 담보를 취득한 공동저당권자에게 불측의 손해를 입게 하기 때문이다.

CHAPTER
6

부동산 공유자가 바뀌면 생기는 법정지상권

공유물에 법정지상권이 문제되는 때

토지나 건물은 한 사람이 아니라 여러 사람이 지분을 가지고 공유할 수도 있다. 토지 지상에 단독주택이 있고 이 중 하나가 경매에 나와 살펴보면, 건물이나 토지 중 하나가 공유이거나 둘 다 공유 부동산일 때가 있다.

이때도 경매가 종료하면 토지와 건물의 소유자에 변동이 생기므로, 건물 소유자가 토지를 사용할 수 있는 권리인 법정지상권이 성립하는지를 알아야, 건물의 적정 가치도 제대로 따져볼 수 있다.

공유토지에 있는 공유자 1인의 건물

갑, 을의 공유인 토지 지상에 갑이 단독으로 건물을 소유 중이다. 이 때, 갑이 토지 공유지분에만 저당권을 설정했다. 갑이 돈을 갚지 않자 저당권자가 경매를 신청했고, 경매에서 갑의 토지 공유지분이 병에게 넘어갔다. 갑은 병에게 지상 건물에 대한 법정지상권을 취득할 수 있을까?

1유형	근저당권 설정 당시	경매 이후
건물	갑	갑
토지	갑, (을)	병, (을)

그림 5 <1 유형> 공유토지상 공유자 1인의 건물

똑같이 갑, 을의 공유인 토지 지상에 갑이 단독으로 건물을 소유하고 있을 때, 갑이 이번엔 자신의 단독 소유 건물에만 저당권을 설정했다. 갑이 돈을 갚지 못해 건물이 경매로 넘어갔고 병이 건물을 취득했다. 병은 토지 소유자 갑, 을에게 건물 사용을 위한 법정지상권 취득을 주장할 수 있을까?

2유형	근저당권 설정 당시	경매 이후
건물	갑	병
토지	갑, (을)	갑, (을)

그림 6 <2 유형> 공유토지상 공유자 1인의 건물

두 가지 유형에서 건물 소유자를 위해 법정지상권이 성립한다고 본다면, 분명 땅의 지분을 가졌지만, 남의 건물 때문에 계속해서 자기 마음대로 땅을 쓰지 못하는 사람이 있다. 즉, 법정지상권이 성립하면 남의 건물 때문에 '영원히 고통받고 있는 사람'이 눈에 보인다.

그것은 바로 토지의 다른 공유지분권자인 을이다. 대법원도 이때는 건물에 법정지상권이 성립한다고 본다면 을의 재산권 행사에 큰 침해가 될 수 있다며 두 가지 유형 모두 법정지상권이 성립하기 어렵다고 판단한다.

단독 소유토지에 있는 공유건물

갑의 단독 소유 토지에 갑, 을의 공유건물이 있을 때, 갑이 토지를 담보로 돈을 빌리고 근저당권을 설정했다. 갑이 돈을 갚지 못해 은행이 토지만 경매로 넘겨 병이 경매 절차상 토지 소유권을 취득했다. 갑과 을은 병에게 공유건물을 위한 법정지상권이 존재한다고 주장할 수 있을까?

3유형	근저당권 설정 당시	경매 이후
건물	갑, 을	갑, 을
토지	갑	병

그림 7 <3 유형> 공유자 1인의 토지와 공유건물

갑은 자신의 공유 건물 때문에 본인 땅이 제한받고 있다는 점을 이미 잘 알고 있다. 토지 저당권자도 저당권 설정 당시 법정 지상권의 부담을 예상할 수 있었고, 낙찰 받은 병도 이러한 사정을 등기사항증명서상 이러한 사정을 미리 파악할 수 있다.

건물의 다른 공유자 을은 원래도 크게 문제 없이 건물을 쓰고 있었고, 땅의 소유자가 바뀌어도 그대로 건물을 쓸 수 있다고 하면 토지 소유자 변경 전후로 권리 침해를 받기는커녕, 오히려 반가운 입장이다. 즉, 위 유형에서 갑, 을의 건물에 법정지상권이 성립한다고 하더라도 예상치 못한 손해나 끊임없는 고통을 받는 당사자는 존재하지 않는다. 대법원도 이 유형에서 건물을 위한 법정지상권이 성립한다고 본다.

갑의 단독 소유 토지에 갑, 을의 공유 건물이 있다. 갑이 돈을 빌려 건물 지분만 담보로 제공해 저당권이 설정된다. 갑이 돈을 갚지 못해 근저당권자가 갑의 지분을 경매로 넘겼고, 경매 절차에서 건물 지분을 병이 취득했다면, 건물 공유자 병과 을은 토지 소유자 갑에게 법정지상권이 성립했다고 주장할 수 있을까?

4유형	근저당권 설정 당시	경매 이후
건물	갑, 을	병, 을
토지	갑	갑

그림 8 <4 유형> 공유자 1인의 토지와 공유건물

갑은 이미 다른 공유자들의 건물로 자신의 토지가 제한받고 있다는 것을 알고 있고, 저당권자도 이러한 사정을 알고 담보가치를 파악했을 것이다. 만약, 건물공유자가 바뀌어 건물이 철거될 처지에 놓인다면 건물의 다른 공유자 을은 멀쩡히 잘 사용하던 건물을 다른 공유자가 소유권을 잃었다 해서 뺏기게 되는 결과가 발생한다. 따라서 이 경우에도 대법원 판례는 건물을 위한 법정지상권이 성립한다고 본다.

무늬만 공유, 실제는 단독 소유인 토지와 건물

공유의 큰 특징 중 하나는, 공유하는 부동산에서 원칙적으로 공유자 상호 간에 내 땅, 네 땅을 특정할 수 없다는 점이다. 부동산 어느 한 귀퉁이를 특정해도 온전하게 공유자 한 명의 소유는 될 수 없다. 그런데 등기사항증명서상에는 공유자들이 지분 형태로 소유하고 있지만, 실제 부동산은 공유자들이 협의해 위치와 면적을 특정해 '구분소유'하기로 약속하는 경우가 있다. 이를 '구분소유적 공유관계'라고 하는데, 공유물의 특정한 곳을 완전하게 한 명의 공유자의 것으로 정하고, 서로의 영역을 침범하지 않기로 하는 것이다.

공유자들이 별개의 건물을 소유하면서 공유자 1명의 건물에 저당권을 설정하였다가 토지와 건물의 소유자가 달라진 경우 법정지상권은 성립할 수 있을까?

구분소유적 공유관계	근저당권 설정 당시		경매 이후	
건물	갑	을	병	을
토지	갑	을	갑	을

그림 9 구분소유적 공유관계와 법정지상권

갑, 을 내부관계에 있어 갑의 건물과 토지는 오로지 갑의 단독 소유다. 여기서는 누군가 영원히 고통을 받는가를 특별히 살펴볼 필요가 없다. 건물의 새로운 소유자 병은 땅에 대한 법정지상권을 취득하게 된다.

토지를 구분소유하고 있던 갑, 을이 토지 전체에 근저당권을 설정하였다가 토지와 건물의 소유자가 달라지는 때에도 마찬가지로 갑, 을의 각 건물에 법정지상권이 성립한다.

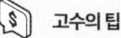 **고수의 팁**

건물과 토지가 동일 공유자들이
소유하였다가 건물 지분 일부가
제3자가 넘어간 때

앞선 1~4 유형은 모두 토지나 건물 중 하나가 공유관계일 때를 가정한 것이다. 그러나 토지와 건물 모두가 공유관계일 때도 있다. 이에 대해서는 대법원 판례가 없고 주로 학설로만 논의 되어오고 있었다. **공유토지 지상 공유건물에서 공유자 중 1인이 달라진 경우 관습법상 법정지상권이 성립되지 않음**을 판단한 첫 번째 대법원 판결이 있어 소개한다.

대법원 2022. 8. 31. 선고 2018다218601 판결 [기타(금전)]

토지 및 그 지상 건물 모두가 각 공유에 속한 경우 토지 및 건물공유자 중 1인이 그중 건물 지분만을 타에 증여하여 토지와 건물의 소유자가 달라진 경우에도 해당 토지 전부에 관하여 건물의 소유를 위한 관습법상 법정지상권이 성립된 것으로 보게 된다면, 이는 토지공유자의 1인으로 하여금 다른 공유자의 의사에 기하지 아니한 채 자신의 지분을 제외한 다른 공유자의 지분에 대하여서까지 지상권설정의 처분행위를 허용하는 셈이 되어 부당하다(대법원 1993. 4. 13. 선고 92다55756 판결, 대법원 2014. 9. 4. 선고 2011다73038, 73045 판결 등 참조). 따라서 이 사건 토지 및 건물공유자 중 1인인 원고가 피고 1에게 위 건물의 공유지분을 이전함으로써 토지와 건물의 소유자가 달라졌다고 하여 위 피고에게 이 사건 토지에 관한 관습법상 법정지상권의 성립을 인정할 수 없다.

CHAPTER
7

낙찰 받은 토지의 나무들

나무들이 당연히 내 것일 때

나무가 땅과 별개의 재산인지 아니면 땅의 구성물인지는 쉽게 뽑아 이동시킬 수 있느냐에 달려 있다. 일반적으로는 나무는 토지의 일부로 보는 때가 많지만, 이동이 쉬운 나무라면 부동산과 다른 재산으로 취급된다.

토지 주인도 아니고 땅을 이용할 수 있는 법적인 권리_{임차권, 전세권, 지상권 등}가 없는 사람이 땅에 나무를 심었다면 특별한 사정이 없으면 토지 소유자에게 나무의 소유권 주장을 하기란 어렵다. 경매

절차상 감정서에 소유관계가 불분명한 수목이 존재한다고 기재되면, 법원은 경매를 신청한 채권자에게 수목의 소유관계 및 제3자 소유라면 별도의 사용 권한이 있는지를 밝히라고 명령한다.

입목에 관한 법률에 따라 등기된 입목 또는 명인방법을 갖춘 수목이거나 제3자가 나서서 자신이 나무의 소유자라고 밝히지 않아 나무의 소유관계가 불분명할 때에는 나무가 땅에 포함되는 것으로 보고 매각에 포함하여 진행하는 것이 실무이다. 따라서 감정평가서상 토지의 가격에 나무가 포함되어 있고, 매각물건명세서에 수목을 매각 제외 대상으로 표시하지 않는 이상 낙찰 받은 토지 지상의 나무도 자연스럽게 내 것이 될 수 있다.

내 것 아닌 나무들 해결 방법

나무인데 이동이 쉽고 경제적 가치가 높은 정원수와 같은 나무들은 소유권 분쟁이 있을 수 있다. 따라서 토지를 낙찰 받았는데 누군가 나무의 소유권을 주장한다면, 일단은 경매절차에서 나무가 어떻게 평가되었는지 살펴보고, 나무가 매각 대상에서 제외되었을 때는 나무를 수거하라는 소송을 나무 소유자에게 해야 한다.

고수의 팁

토지인도소송이 물거품이 되지 않으려면

토지를 낙찰 받은 의뢰인의 사건을 진행하다 보면, 가장 신경이 많이 쓰이는 부분은 바로 건물과 정자나 펜스, 나무 등이 토지에 있는 때다. 권한 없이 토지를 쓰고 있는 상대방에게 토지를 내놓으라는 소송을 실컷 진행했어도 상대방 소유의 위와 같은 물건들이 토지에 놓여 있으면 강제집행이 어렵다.

즉, 건물 또는 지상의 물건들이 있는 토지를 법원을 통해 완벽하게 인도하려면, 토지인도 집행과 건물 철거 및 지상물 수거 대체집행을 한꺼번에 신청해야 한다.

법원은 토지의 인도를 명한 판결(집행권원)의 효력은 그 지상에 건립된 건물이나 식재된 수목의 인도에까지 미치는 것이 아니고, 위와 같은 건물이나 수목을 그대로 둔 채 토지에 대한 점유만을 풀어 토지 소유자에게 인도할 수는 없으므로, 집행관으로서는 지상에 건물이 건축되어 있거나 수목이 식재되어 있는 토지에 대하여 그 지상물의 인도나 수거, 철거를 명하는 집행권원이 따로 없는 이상 토지를 인도하라는 집행권원만으로는 인도 집행을 할 수 없다고 판단한다.

한편, 나무가 있는 경우에는 집행관은 목적물인 토지와 수목을 누가 점유 관리하고 있는지를 조사, 판단하여 판결에서 패소한 점유자가 이를 점유 관리하고 있다고 인정되는 이상 그 수목은 목적물인 토지의 부합물로서 취급하여 토지인도 의무에 포함되는 것으로 보고 현상 그대로 토지와 함께 채권자에게 인도하면 충분하므로, 인도 대상인 토지 위에 수목이 식재되어 있는 것만으로는 토지의 인도가 집행 불능이라고 볼 수 없다는 것이 학설상 다수견해다. 그러나 필자가 마주한 몇몇의 실무에서는 그렇지 못한 경우가 많았다. 토지인도집행을 하러간 집행관 눈에 지상물이 눈에 띄고 지상물 철거, 수거를 명한 법원의 판결문이 없다면 집행관은 토지 인도집행을 꺼려한다.

따라서 낙찰 받은 토지에 권한 없는 사람이 건물을 소유하고 있으면서 동시에 여러 구조물이나 나무를 식재해 놓은 상태라면 매각대상 물건이 경매절차상 어떻게 특정되었는지를 잘 파악하여 나무나 지상 구조물도 함께 수거, 철거하도록 하는 소송을 함께 진행해야 한다.

→ 성공 사례 ←

사례 1 법정지상권에 꽂힌 의뢰인, 새 건물을 헐값에 사다!

서울의 한 역세권 토지가 경매로 나왔다. 지상에는 10층짜리 신축 건물이 있었다. 이 토지를 낙찰 받은 의뢰인이 찾아왔다. 고수의 향기를 풀풀 풍기는 의뢰인은 건물주에게 건물철거, 토지인도, 지료청구 소송을 진행했지만 1심에서 패소한 상태였다.

토지가 경매로 나온 과정은 이랬다. 건물주는 현재 신축 건물 자리의 토지와 낡은 건물을 사들였다. 사들이면서 A 새마을금고로부터 대출받았다. 토지와 낡은 건물을 모두 담보로 제공했다. A 새마을금고는 1순위로 낡은 건물과 토지에 각각 근저당권을 설정해둔 상태였다. 낡은 건물을 5천만 원, 토지를 5억 원의 가치라고 해보자. A 새마을금고는 두 부동산을 담보로 총 5억 원을 대출해줬다. 건물주는 낡은 건물을 철거했다. 건물이 철거되면 이미 없어진 건물에 대한 등기도 사라지므로, A 새마을금고의 건물에 대한 근저당권 설정등기는 없어졌다.

건물주가 땅 쓰는 권리, 법정지상권

토지 지상에 10층짜리 건물이 신축되었다. 앞서 낡은 건물이 5천만 원, 토지를 5억 원이라고 가치를 매겼는데, 고층 빌딩이 들어선 토지 '만'의 가격은 아무래도 활용도가 떨어질 수밖에 없다. 고층 빌딩에 법정지상권이 성립하게 된다면 토지는 독립된 활용이 수십 년간 어려워지니 더욱 가치가 떨어진다. 이때 신축 건물의 가격을 2억 원, 토지를 3억 5천만 원이라고 해보자. A 새마을금고는 5억 원을 빌려줬고 처음에는 낡은 건물까지 해서 5억 5천만 원의 담보를 확보해놨지만, 지금은 아니다.

토지에만 1순위 근저당권을 가지고 있으니 담보가 3억 5천만 원에 불과하다. 이대로 토지만 경매가 진행된다면 A 새마을금고는 담보를 설정한 때와 달리 예상치 못한 손해를 보게 된다. A 새마을금고가 대출한 돈 5억 5천만 원을 전부 회수하기 위해서는 신축 건물에 토지와 동순위 근저당권을 설정하거나, 토지만 경매에 나오더라도 신축 건물에는 법정지상권이 성립하지 못하도록 해 토지의 가치를 나대지와 같이 끌어올려 줘야 한다.

실제 경매는 토지만 나왔는데, 건물주는 다른 지인에게 건물에 대한 근저당권을 설정해주느라 A 새마을금고에게 신축 건물에 대한 토지와 동 순위의 근저당권을 설정해주지 못했다. 이 때는 A 새마을금고의 예기치 못한 손해를 덜어주고, 낙찰 받을 응찰자들의 법정지상권 성립 여부에 대한 객관적 정보 파악을 위해 신축 건물에는 법정지상권이 성립하지 않는다고 보는 것이 맞다. 의뢰인은 공부를 상당히 많이 하신 분이었기에 신축 건물에는 법정지상권이 성립하지 않는다고 보고 투자를 결정하였다. 그런데 예기치 않게 1심에서 건물주를 상대로 한 건물철거 및 토지 인도·지료 청구 소송에서 패소했다.

건물주가 신축 건물에 토지와 같은 순위의 근저당권을 설정해주기 어려워지자, 본인 소유의 다른 건물과 토지에 담보를 설정해주어 A 새마을금고가 종국에는 대출금 대비 충분한 담보를 얻었다는 이유였다. A 새마을금고로서는 다른 담보들로 인해 손해가 없으니 괜찮지만, 문제는 의뢰인과 같은 응찰자였다. 법정지상권 파악을 위해 응찰자는 경매물건인 토지와 기껏해야 지상 건물의 등기사항증명서만 볼 수 있을 뿐, 건물주인이 가진 다른 부동산에 은행이 손해 안 볼 정도로 담보가 설정되어 있는지는 도무지 파악할 수가 없다.

경매 절차는 응찰하는 모든 제3자에게 공정한 경쟁이 되도록 해야 한다. 1심 판결 이유는 법정지상권 파악에 있어 중요한 당사자 중 하나인 장차 토지 소유권을 취득할 사람을 고려하지 않은 것이다. 이 점을 지적해 항소심에서는 신축 건물에는 법정지상권이 성립하지 않는다고 결론이 내려졌다. 의뢰인은 몇 달 뒤 필자에게 문자를 보내왔다. 건물주로부터 신축 건물을 싸게 사들이는 데 성공했다는 말과 함께 이러한 성공 사례를 널리 알려도 좋다는 연락이었다.

사례 2 건축주라 해도 건물 소유자가 아닐 수 있다.

어느 의뢰인이 인천공항에서 가까운 토지를 낙찰 받았다. 토지 위에는 새 건물이 있었다. 그러나 경매 절차에서 새 건물은 매각 대상이 아니었다. 등기나 건축물대장도 없는 그야말로 누구 소유인지도 알 수 없는 건물이었다. 그런데 건물에는 수시로 드나드는 사람들이 있었다. 의뢰인은 수소문한 끝에 토지의 전 소유자가 건물 소유자라는 사실을 확인했다. 그런데 토지의 전 소유자가 건물의 소유자라면 자칫 건물 소유자에게 법정지상권이 성립할 수도 있는 상황이었다.

법정지상권이 성립한다 하더라도 건물이 서 있는 한 토지 소유자는 임료를 청구할 수 있다. 법정지상권이 있다고 해서 토지를 공짜로 쓸 수는 없다. 토지를 쓰는 사용대가를 지불해야 한다. 건물의 소유자로 알려진 토지의 전 소유자를 상대로 임료청구소송을 진행했다. 다만, 건물의 소유자가 누구인지는 제대로 확인할 필요가 있기에 관할관청에 건축허가를 받을 당시 건축주가 누구인지를 소송상 확인해보았다. 여기서 재밌는 점이 포착되었다. 건축허가를 받은 건축주는 땅의 전 소유자가 아닌 제3자였다. 최초의 건축주인 제3자가 시공업체와 계약을 체결해 건물의 전기사용승신청까지 직접 하였다.

　대법원 판례는 사회통념상 독립한 건물이라고 볼 수 있는 형태와 구조를 갖추고 있었다면 원래의 건축주가 그 건물의 소유권을 원시취득한다고 판단한다. 또한, 등기상 소유권을 이전한 것이 아닌 단순히 건축주 명의변경만으로는 건물의 소유권이 건축주 명의를 이전받은 사람에게 넘어가지 않는다. 전 건축주는 토지 소유권을 취득한 적이 단 한 번도 없었다. 즉, 법적으로 독립한 하나의 건물이 발생하여 전 건축주의 소유가 된 그 순간부터 토지가 의뢰인의 소유로 넘어오기까지 땅과 건물의 소유자는 늘

달랐던 것이다.

이 점을 들어 건물에 법정지상권이 존재하지 않음을 주장했다. 법원은 현 건축주_{전 토지 소유자}에게 건물을 철거하고 토지를 의뢰인에게 인도하는 시점까지 의뢰인에게 임료를 지급하라는 판결을 내렸다_{현재의 건물주는 건물의 소유자는 아니었지만 대법원 판례상 사실상 건물의 처분권 있는 사람에 해당해 철거의무가 발생한다}. 멀쩡한 새 건물을 철거당하느니 건물주 입장에서는 싼값에라도 의뢰인에게 파는 것이 당연히 남는 장사였다. 건물주는 항소하였지만, 결국 항소심에서 의뢰인에게 건물을 팔기로 합의하고 사건은 마무리되었다.

> 사례 3   **대표의 재산이 될 수 없는 법인**_{회사}**의 재산**

의뢰인들과 이야기를 나눌 때, 가장 이해하기 어려워 하는 개념 중 하나가 법인과 법인 대표이사는 법적으로 별개라는 점이다. 예를 들어 회사 대표가 자기 이름으로 땅을 샀다고 해보자. 회사가 돈을 갚지 않는다 해서 회사 대표의 땅을 경매에 넣을 수 없다. 회사의 재산이 아니기 때문이다.

경매의 상당한 고수 중 한 분이 수도권의 한 토지를 낙찰 받았다. 토지 지상에는 건물이 있긴 했지만, 건물 전체가 아니라 건물의 앞부분이 일부 의뢰인의 땅을 밟고 있었다. 건물에 들어가기 위해서는 반드시 의뢰인의 땅을 밟고 지나가야 했다. 건물은 특정 회사의 소유였고, 의뢰인이 낙찰 받은 땅은 건물을 소유한 회사가 아니라 대표이사의 소유였다. 의뢰인은 강제경매를 통해 땅을 낙찰 받았다. 강제경매의 말소기준권리는 1순위 근저당권이었는데, 근저당권 설정 당시에도 당연히 건물은 회사소유였다. 즉 최선순위 근저당권 설정 당시 토지와 건물이 동일인의 소유가 아니였던 것이다.

건물에는 법정지상권이 성립하지 않았다. 건물을 소유한 회사는 법정지상권이 성립하지 않는다 하더라도 건물을 일부 잘라내는 철거집행은 불가하고, 이러한 철거청구는 토지 소유자가 과하게 욕심을 부리는 것임은 물론 사회경제적으로도 큰 손실을 불러일으키는 권리 남용적인 주장이라고 항변했다. 그러나 철거집행이 되느냐 마느냐 하는 문제는 법정지상권이 없는 건물의 철거 청구를 법원이 받아들이는데 고려사항이 될 수 없다. 일단 건물주가 토지를 쓰는데 아무런 권리가 없는게 법률상 명확하다면 법원은 철거판결을 내린다.

건물주인 회사가 법률적 쟁점이 아닌 사회적으로 건물의 철거 판결이 내려지면 안되는 이유들과 건물을 일부 잘라내는 철거는 건축기법상 불가하다는 온갖 쟁점을 들었지만 법원은 철거판결을 내렸다. 판결에 따라 강단 있는 의뢰인은 실제로 땅 위에 있는 조경석이나 조경수를 수거, 철거하고 자신의 땅을 밟고 사람이 드나들지 못하도록 펜스를 설치했다. 건물 출입을 위해 반드시 의뢰인의 땅을 지나야 하는 건물주회사로서는 결국 의뢰인의 땅을 사갈 수 밖에 없었다.

사례 4 하나가 될 수 없는 가족과 가족회사

강원도의 토지 두 필지를 낙찰 받은 의뢰인이 있었다. 의뢰인은 경매 투자 경험이 많은 분이었다. 셀프소송 경험도 몇 번 있어 직접 소송을 진행하려 했지만 막상 법정에서 판사와 몇 번 대화를 주고 받아보니 혼자 진행하기에는 역부족이라 여기고 변호사를 찾았다.

토지당 신축 건물이 한 동씩 서 있었다. 각각 다른 법인이 건물을 소유하고 있었는데, 아마도 전 토지주가 세운 가족 회사로 예상되었다. 아니나 다를까 의뢰인이 알아본 바로는 전 토지주인의 아들과 딸이 각 회사의 대표이사였다. 사실상 두 토지와 건물은 아버지인 전 토지주인이 모두 관리한 것으로 보였다. 그러나 최초 근저당권 설정 당시 토지와 건물의 등기상 소유주가 엄연히 달랐기에 법정지상권 성립은 어려운 상태였다.

그러나 이 사건에서는 긴장할 만한 부분이 있었다. 건물주와 토지주가 매우 친밀한 관계인데다 건물은 신축된지 얼마 안 된 상황이었다. 따라서 건물주와 토지주 사이에 건물 소유를 목적으로 한 토지임대차계약이 체결되었고, 그 뒤 건물주가 건물 등기를 마친 사실이 차례로 드러나게 되면 건물주에게는 민법 제622조의 차지권이 발생할 수 있다. 차지권이란 건물 소유를 목적으로 한 토지 임대차는 토지 등기부에 임차권 등기를 하지 않더라도, 임차인이 지상 건물을 등기한 때 토지를 취득한 제3자에게 임차권으로 대항할 수 있는 권리이다.

법정지상권이 성립하지 않음을 들어 건물을 철거하고, 토지를 인도하되, 토지 인도시점까지 토지 임료를 지급하라는 소송을 제기했다. 의뢰인도, 필자도 혹시나 가족 간에 서로 짜고 임대차계약서를 만들어내지는 않을까 염려했다. 그러나 다행히도 상대방은 전 토지주와 건물주 회사는 사실상 한 사람이나 마찬가지라는, 보통 인정받기 어려운 취지의 주장을 반복했다.

결국 법원은 의뢰인의 손을 들어주었고, 상대방이 1심 판결에 불복해 항소심에 갔지만 항소심에서도 여전히 1심의 결과가 유지되었다. 상대방은 의뢰인으로부터 다시 토지를 사가겠다는 의지를 보였지만 의뢰인은 향후 시세 상승이 예견되는 토지를 오랜 시간 보유할 생각이었다.

임료상당의 부당이득을 지급하라는 판결문에 따라 의뢰인은 직접 두 건물에 강제경매를 신청하였고, 법정지상권이 성립하지 않은 두 건물은 아무도 사가지 않을 것이 뻔했다. 자신의 재산이 헐값에 팔리는 것을 원치 않았던 건물주인은 결국 의뢰인에게 싼값에 건물을 처분했다.

PART 5

해결 방법을 알면 수익이 보이는 물건들

CHAPTER
1

농지 낙찰을 위해 필요한 농지취득자격증명원

농지취득자격증명원이 필요한 이유

농지의 소유권을 취득하려면 농지법상 농지취득자격증명을 발급받아야 한다. 농지에 관하여 소유권 이전 등기하려면 등기 신청 시 농지취득자격증명이 필요하다. 경매절차에서는 농지취득자격증명이 있어야 농지에 대한 매각허가결정이 내려진다. 헌법상 경자유전의 원칙 때문이다. 농사를 짓는 사람만이 농지를 소유할 수 있다는 원칙이다.

어디가 농지인가?

농지란 법적 지목이 전·답 또는 과수원으로 되어 있는 토지와 그 밖에 법적 지목을 불문하고 실제로 농작물 경작지 또는 다년생식물 재배지로 이용되는 토지를 말한다. 실제 농작물 경작에 이용되고 있는 지목이 '임야'인 토지는 산지전용허가를 거쳐 농작물의 경작 또는 다년생식물의 재배에 이용된 경우에 농지법상 농지에 해당하기도 한다.

그러나 토지의 지목이 아무리 답이라 하여도 상당 기간 다른 용도로 사용된 경우 지적공부상 토지의 지목이 답이나, 토지에 대한 낙찰허가결정 훨씬 전에 인근 토지보다 약 1-2m나 성토되어 그 지상에 컨테이너 박스와 창고가 설치되는 등 이미 타 용도로 전용되어 상당 기간 건축자재 하치장으로 농지로서의 기능을 완전히 상실에 대법원은 농지법상 농지에 해당하지 않으므로 낙찰인에게 농지취득자격증명을 발급 받을 필요는 없다고 본다.

즉, 어떤 토지가 농지인지는 공부상의 지목과 관계없이 토지의 실제 현황과 농지로의 원상 회복이 용이하느냐를 기준으로 판단된다.

농지취득자격증명원을 내지 못하면?

농지취득자격증명은 농지 소재지를 관할하는 시·구··읍·면장에게서 발급 받을 수 있다. 경매로 농지를 낙찰 받으려 한다면 미리 관할관청에 문의해 농지취득자격증명원을 발급 받는데 어떤 절차가 필요한지, 시일이 얼마나 소요되는지 등에 대해 문의해야 한다.

만일, 농지취득자격증명원 발급이 지체되어 낙찰 후 7일 이내_{매각결정기일까지} 증명원 제출이 되지 않으면 경매법원은 매각불허가결정을 내린다. 만일, 일주일 내에 농지취득자격증명원 제출이 어려울 것으로 예상되면, 미리 매각결정기일 연기 신청서를 제출해 보는 것도 좋다.

매각불허가결정이 내려졌다고 해도 수일 내 농지취득자격증명원 발급이 가능할 것으로 보인다면, 매각불허가결정에 대하여 항고해도 좋다. 항고심 진행 중 농지취득자격증명원을 발급 받아 경매 법원에 제출한다면, 항고심에서는 이를 참작해 매각불허가결정을 취소할 수 있다.

도로로 사용 중인 농지

농지가 실질적으로 '도로'로 사용되고 있을 때도 농지취득자격증명원이 발급될 수 있을까? 실제 현황이 농지전용허가제도가 처음 도입된 농지의 보전 및 이용에 관한 법률 시행일_{1973. 1. 1.} 이전부터 다른 용도_{예: 도로, 주택 등}로 사용된 것이 확인될 경우에는 농지에 해당하지 않으므로 농지취득자격증명을 발급 받지 않고 취득할 수 있고, 현황도로인 도로가 주변 농업인의 농작업을 위한 이동로, 농작물의 운반에 이용되는 도로 등 '농로'로 이용되는 도로라면 '농지법상' 농지이므로 별도의 조치 없이 농지취득자격증명원 발급이 가능하다는 것이 농림축산식품부의 답변이다.

CHAPTER
2

공사 중단된 부동산의 건축허가권

건축허가 취소가 필요한 이유

토지를 낙찰 받았는데, 토지 위에 중단된 공사 현장이 있다면 크게 두 가지의 문제가 발생한다. 하나는 짓다만 건물을 점유하고 있는 사람을 내보내고 구조물을 철거할 수 있느냐 하는 문제, 다른 하나는 내가 원하는 건물을 짓기 위해 기존의 건축허가를 취소하고 새로운 건축허가를 받을 수 있는지의 문제다.

공사 중단된 건물을 함께 낙찰 받았다면 어차피 내 건물이니 철거해도 무방할 것이고, 낙찰자로서 건물 소유권을 취득하였다는 사정을 밝혀 건축주 명의변경을 신고하여 공사를 완공하면 된다. 문제는 공사 중단된 구조물이나 건물은 경매 대상에 포함되지 않았을 때다.

경매로 낙찰 받은 건물에 관하여 건축주명의변경신고가 가능하다는 판결

대법원 2010. 5. 13. 선고 2010두2296 판결 [건축관계자변경신고수리처분취소]

구 건축법(2008. 3. 21. 법률 제8974호로 전부 개정되기 전의 것) 제10조 제1항 및 구 건축법 시행령(2008. 10. 29. 대통령령 제21098호로 개정되기 전의 것) 제12조 제1항 제3호 각 규정의 문언내용 및 형식, 건축허가는 대물적 성질을 갖는 것이어서 행정청으로서는 그 허가를 할 때에 건축주가 누구인가 등 인적 요소에 관하여는 형식적 심사만 하는 점, 건축허가는 허가대상 건축물에 대한 권리변동에 수반하여 자유로이 양도할 수 있는 것이고, 그에 따라 건축허가의 효과는 허가대상 건축물에 대한 권리변동에 수반하여 이전되며 별도의 승인처분에 의하여 이전되는 것이 아닌 점, 민사집행법에 따른 경매절차에서 매수인은 매각대금을 다 낸 때에 매각의 목적인 권리를 취득하는 점 등의 사정을 종합하면, **토지와 그 토지에 건축 중인 건축물에 대한 경매절차상의 확정된 매각허가결정서 및 그에 따른 매각대금 완납서류 등은 건축 관계자 변경신고에 관한 구 건축법 시행규칙(2007. 12. 13. 건설교통부령 제594호로 개정되기 전의 것) 제11조 제1항 제1호에 규정한 '권리관계의 변경사실을 증명할 수 있는 서류'에 해당한다고 봄이 상당**하다.

공사가 중단된 건물에 관하여 알아봐야 할 부분들

가장 먼저, 일단 토지 위에 놓여 있는 구조물이 단순 공작물_{건물에 해당하지 아니함}에 불과한지, 독립한 건물이라고 볼만큼 공사 단계가 진전됐는지를 확인해야 한다. 또한 구조물_{건물}의 소유자가 누구인지도 확인해야 한다. 상대가 누구인지를 알아야 협상이든 소송이든 할 수 있다. 구조물의 소유자가 특정된다면 구조물_{건물}을 소유하기 위해 토지를 사용할 수 있는 권리가 있는지 별도로 살펴봐야 한다.

독립한 개별 건물로 취급될 수 없고, 토지를 구성하는 부합물에 불과하다면 쉽게 분리하여 철거할 수 있는 대상인지 검토해야 한다. 구조물_{공작물}이 땅에서 쉽게 분리되고, 분리하는데 과다한 비용이 요구되지 않는다면 구조물 소유자에게 지장물_{시설물}을 철거해가라고 요구할 수 있다. 만약, 제때 철거하지 않고 토지 인도도 하지 않는다면 토지인도 완료 시점까지 지료 상당의 금액을 부당이득으로 청구할 수 있다.

독립한 건물이지만 법정지상권과 같이 토지 낙찰자에게 대항할 수 있는 적법한 점유 권원이 없다면 토지 소유자는 건물을 철거하고 토지를 인도하며, 토지를 인도할 때까지 매월 발생하는 임료를 부당이득으로 반환하라고 청구해 볼 수 있다. 그런데 기껏 위와 같은 청구를 다 진행해 봤자, 기존의 건축주가 받은 건축 허가를 취소시키지 못한다면 내 땅을 결국 내 마음대로 사용하기 어려운 행정적인 문제가 발생한다.

독립한 건물인지를 판단하는 기준

대법원 2001. 1. 16. 선고 2000다51872 판결

독립된 부동산으로서의 건물이라고 하기 위하여는 최소한의 기둥과 지붕 그리고 주벽이 이루어지면 된다고 할 것인바(대법원 1996. 6. 14. 선고 94다53006 판결), 원심이 배척하지 아니한 갑 제8호증의 1 내지 24, 을 제11호증의 1 내지 19(각 사진)의 각 영상과 제1심 증인 소외인의 증언을 종합하면 이 사건 공작물은 위 경락 당시 지하 1, 2층 및 지상 1층까지의 콘크리트 골조 및 기둥, 천장(슬라브)공사가 완료되어 있고, 지상 1층의 전면(남쪽)에서 보아 좌측(서쪽) 벽과 뒷면(북쪽) 벽 그리고 내부 엘리베이터 벽체가 완성된 사실을 인정할 수 있으므로, 이 사건 공작물은 최소한의 지붕과 기둥 그리고 주벽(주벽)이 이루어졌다고 할 것이어서 미완성 상태의 독립된 건물(원래 지상 7층 건물로 설계되어 있으나, 지상 1층만으로도 구분소유권의 대상이 될 수 있는 구조임이 분명하다)로서의 요건을 갖추었다고 할 것이다.

건축허가 취소시키는 방법

그렇다면, 토지 낙찰자는 남의 땅 위에 있는 건축물에 대한 건축허가 취소를 어떻게 할 수 있을까? 생각해 보면 토지 사용 승낙을 받지 못한 건축주는 어차피 남의 땅에 불법으로 건물 공사를 할 수는 없으니 건축허가는 허가권자인 관할 관청이 직권으로 취소하는 편이 모두를 위한 일이지 않나 싶다.

일단, 관련한 건축법 규정을 살펴보자.

건축법 제11조

⑦ 허가권자는 제1항에 따른 허가를 받은 자가 다음 각 호의 어느 하나에 해당하면 허가를 취소하여야 한다. 다만, 제1호에 해당하는 경우로서 정당한 사유가 있다고 인정되면 1년의 범위에서 공사의 착수기간을 연장할 수 있다. <개정 2014. 1. 14., 2017. 1. 17., 2020. 6. 9.>

1. 허가를 받은 날부터 2년「산업집적활성화 및 공장설립에 관한 법률」제13조에 따라 공장의 신설·증설 또는 업종변경의 승인을 받은 공장은 3년 이내에 공사에 착수하지 아니한 경우

2. 제1호의 기간 이내에 공사에 착수하였으나 공사의 완료

> 가 불가능하다고 인정되는 경우
> 3. 제21조에 따른 착공신고 전에 경매 또는 공매 등으로 건축주가 대지의 소유권을 상실한 때부터 6개월이 지난 이후 공사의 착수가 불가능하다고 판단되는 경우
>
> 2017. 1. 17. 개정된 건축법은 같은 해 7. 18.부터 시행됐다. 시행일 이후 건축 허가를 신청했으나, 착공신고 전 경매로 건축주가 토지 소유권을 상실하여 그 때로부터 6개월이 지난 이후 공사 착수가 불가능하다고 '판단'되는 경우 허가권자는 건축 허가를 직권으로 취소해야 한다.

여기서 착수는 단순히 착공 신고서를 제출한 것만으로는 인정되기 어렵고, 건물 신축을 위한 굴착공사에 착수하는 정도에 이를 것이 요구되는 것이 보통이다. 이미 건물 신축 공사가 어느 정도 진행된 상태라면 경매로 토지 소유자가 달라졌다 하더라도 제3호에 속한다고 보기는 어려울 수 있다.

한편, 건축주로서는 남의 땅에서 공사를 계속하기 위해서 낙찰자인 토지 소유자로부터 '토지사용승낙'을 받아야 한다. 만약, 이러한 동의나 승낙을 받지 못한다면 불법 점유하는 땅에서 공사를

진행할 수는 없는 만큼, 11조 제7항 2호에서 규정하는 '공사의 완료가 불가능하다고 인정되는 경우'에 해당된다고 지적하여 건축허가 취소를 요청해볼 수 있다.

CHAPTER
3

낙찰 받은 맹지, 제대로 쓰려면

주위토지통행권

모든 땅이 사람이 오가는 길과 붙어 있진 않다. 어느 땅에서는 길로 나가려면 반드시 남의 땅을 밟아야 하는 경우가 있는데, 이런 땅을 '맹지'라고 부른다.

맹지의 주인이 다른 사람의 땅을 밟고 길_{공로}에 진출입할 수 있을까? 맹지의 주인이 나가려면 꼭 밟아야 하는 땅 주인에게 본인이 공로에 진출입할 수 있도록 특정한 권리를 확인해달라고 할 수 있을까? 가능하다. 몇 개의 조건을 갖추면 주위토지_{내 토지 인근 토지}

의 소유자에게 지나가는 권리통행권가 있음을 법원으로부터 확인받을 수 있다. 이러한 권리를 주위토지통행권이라 부른다.

주위토지통행권이란 어느 토지와 공로일반인이 통행하는 도로 사이에 토지의 용도에 필요한 통로가 없어서 주위의 토지를 통행하거나 통로를 개설하지 않고는 공로에 출입할 수 없는 경우 또는 공로에 통행하려면 과다한 비용이 들어갈 때, 주위의 토지를 통하여 공로로 출입할 수 있는 권리다.

공로에 출입할 수 없는 때는 내 땅과 공로 사이에 통로가 전혀 없을 때 뿐만 아니라 통로가 있더라도 그것이 토지의 용도에 필요한 통로로 기능을 하지 못하는 때를 포함한다. 내 땅이 주거지라면 사람의 출입 뿐만 아니라 주택에서 일상생활에 필요한 물건을 운반하기 위해 출입에 필요한 정도의 땅에 주위토지통행권 확인을 받을 수 있다. 따라서 내가 낙찰 받은 토지가 맹지이고 공로에 닿을 수 없는 땅이라 해서 무조건 쓸모 없는 땅이라고 낙담할 필요는 없다.

한편, 필자가 진행했던 어떤 사건에서는 의뢰인의 땅을 밟고 지나가겠다던 상대방이 '일상생활에 필요한 물건을 운반'하려면 차량 진출입도 필요하니, 차량이 지나갈 정도의 폭은 주위토지통행권으로 확인이 되어야 한다고 주장했다. 그러나 주택에서 거주할 정도의 물건을 들고 사람이 왔다갔다 할 수 있는 수준이면 충분하지, 이삿짐 운반 정도의 자주 일어나지 않은 일을 대비하기 위해 주위토지통행권이 인정되기란 어렵다는 취지의 판결이 났다.

주위토지통행권은 공로로 이어지는 통로가 없는 땅 소유자를 위해 다른 소유자의 손해를 무릅쓰고 특별히 인정되는 권리이다. 따라서 통행권자가 자기 땅을 이용하는 데 필요한 범위에서만 허용된다. 또한, 주위토지통행권이 인정되더라도 통행으로 인하여 통행지에 대한 손해가 가장 적은 장소와 방법을 선택해야 하고_{민법 제219조 제1항 단서}, 통행권자는 통행지 소유자의 손해를 보상해야 한다_{민법 제219조 제2항}.

시설권 확인

주위토지통행권과 비슷한 개념으로, 남의 토지를 통과하지 않으면 필요한 수도, 소수관_{물을 보내는 송수관}, 배수관, 가스관, 전선 등을 시설할 수 없거나 과다한 비용을 요하는 경우에는 타인의 토지를 통과하여 이를 시설할 수 있는 권리가 시설권이다. 이러한 시설들은 사람의 생활에 있어 매우 필수적인 시설에 해당하기 때문에 인정되는 권리다.

법에서 정하고 있는 수도, 소수관, 가스관, 전선 등은 하나의 예로 에너지나 물질 유도를 목적으로 하는 시설은 모두 포함될 수 있다. 대표적인 예로 농업용수를 끌어오기 위해 이웃 토지를 통과하는 시설을 하는 경우를 들 수 있다. 이웃 토지주와 이런 시설을 설치하는데 분쟁이 있다면 시설권확인의 소를 제기하여 법원으로부터 판결받으면 된다. 다만, 이러한 시설권에 있어서도 손해가 가장 적은 장소와 방법이 선택된 것인지 여부는 사회통념에 따라 토지들의 지형적·위치적형상 및 이용관계, 부근의 지리상황, 상린지 이용자의 이해득실 기타 제반 사정을 기초로 판단된다.

CHAPTER
4

상가 건물의 핵심,
영업 지위 승계

영업자 지위가 저절로 따라오는 때

경매로 주택이 아닌 상가를 낙찰 받았다. 낙찰 받은 상가에서 전 소유자가 하던 영업을 계속하고 싶다고 해서 전 소유자에 대한 영업 지위가 저절로 승계되는 것은 아니다.

전 소유자나 임차인이 해당 상가에서 특정 영업을 했으니 낙찰 이후에도 그대로 똑같은 영업을 해 수익이 발생할 것이라고 막연히 생각해선 안 된다. 본인이 낙찰 받을 부동산에서 똑같은 영업을 할 수 있는지 영업주 지위 승계가 관련 법령에 의해서 낙찰과 함께 저절로 되는지 등을 잘 알아본 뒤 입찰해야 한다.

영업의 형태에 따라 관련 법에서 정하는 바가 특별히 없다면 부동산을 낙찰 받았다고 해서 영업자 지위가 함께 따라오진 않는다. 몇몇 업종의 경우, 낙찰과 함께 영업주 지위가 승계될 수 있는 길이 열려있지만 이와 같은 별도의 규정이 없는 업종이라면 전 소유자나 임차인에게 영업 지위를 승계 받는 데 추가의 비용과 시간이 필요하다.

먼저, 법에서 낙찰과 함께 영업자 지위가 승계된다고 규정한 업종의 예를 살펴보자.

식품위생법 제39조영업 승계
① 영업자가 영업을 양도하거나 사망한 경우 또는 법인이 합병한 경우에는 그 양수인·상속인 또는 합병 후 존속하는 법인이나 합병에 따라 설립되는 법인은 그 영업자의 지위를 승계한다.
② 다음 각 호의 어느 하나에 해당하는 절차에 따라 영업 시설의 전부를 인수한 자는 그 영업자의 지위를 승계한다. 이 경우 종전의 영업자에 대한 영업 허가·등록 또는 그가 한

신고는 그 효력을 잃는다.

1. 「민사집행법」에 따른 경매

2. 「채무자 회생 및 파산에 관한 법률」에 따른 환가_{환가}

3. 「국세징수법」, 「관세법」 또는 「지방세징수법」에 따른 압류재산의 매각

4. 그 밖에 제1호부터 제3호까지의 절차에 준하는 절차

③ 제1항 또는 제2항에 따라 그 영업자의 지위를 승계한 자는 총리령으로 정하는 바에 따라 1개월 이내에 그 사실을 식품의약품안전처장 또는 특별자치시장·특별자치도지사·시장·군수·구청장에게 신고하여야 한다.

공중위생관리법 제3조의2 공중위생영업의 승계

① 공중위생영업자가 그 공중위생영업을 양도하거나 사망한 때 또는 법인의 합병이 있는 때에는 그 양수인·상속인 또는 합병후 존속하는 법인이나 합병에 의하여 설립되는 법인은 그 공중위생영업자의 지위를 승계한다.

② **민사집행법에 의한 경매,** 「채무자 회생 및 파산에 관한 법률」에 의한 환가나 국세징수법·관세법 또는 「지방세징

수법」에 의한 압류재산의 매각 그 밖에 이에 준하는 절차에 따라 공중위생영업 관련시설 및 설비의 전부를 인수한 자는 이 법에 의한 그 공중위생영업자의 지위를 승계한다.
③ 제1항 또는 제2항의 규정에 불구하고 이용업 또는 미용업의 경우에는 제6조의 규정에 의한 면허를 소지한 자에 한하여 공중위생영업자의 지위를 승계할 수 있다.
④ 제1항 또는 제2항의 규정에 의하여 공중위생영업자의 지위를 승계한 자는 1월 이내에 보건복지부령이 정하는 바에 따라 시장·군수 또는 구청장에게 신고하여야 한다.

체육시설의 설치·이용에 관한 법률 제27조 체육시설업 등의 승계
① 체육시설업자가 사망하거나 그 영업을 양도한 때 또는 법인인 체육시설업자가 합병한 때에는 그 상속인, 영업을 양수한 자 또는 합병 후 존속하는 법인이나 합병에 따라 설립되는 법인은 그 체육시설업의 등록 또는 신고에 따른 권리·의무 제17조에 따라 회원을 모집한 경우에는 그 체육시설업자와 회원 간에 약정한 사항을 포함한다를 승계한다.
② 다음 각 호의 어느 하나에 해당하는 절차에 따라 문화체

> 육관광부령으로 정하는 **체육시설업의 시설 기준에 따른 필수시설**을 인수한 자에게는 제1항을 준용한다.
> 1. **「민사집행법」에 따른 경매**
> 2. 「채무자 회생 및 파산에 관한 법률」에 따른 환가
> 3. 「국세징수법」·「관세법」 또는 「지방세징수법」에 따른 압류 재산의 매각
> 4. 그 밖에 제1호부터 제3호까지의 규정에 준하는 절차

낙찰 받은 모텔, 영업자 지위 승계는 이렇게

경매로 많이 나오는 건물 중 하나가 '모텔'이다. 공중위생관리법상 경매로 모텔 건물을 낙찰 받으면 영업자 지위가 승계된다고 규정하고 있지만 실무를 하다 보면 관할 관청에서 전 소유주의 이의 등이 있을 때 쉽사리 영업 지위 승계에 관한 신고를 수리해주지 않는다. 물론, 법에서 정한 사항을 관할관청이 받아주지 않는 부분에 대해서 행정소송 등을 제기해 바로잡을 수는 있다.

한편, 모텔은 일단 가장 문제 되는 것이 모텔 객실을 누가 이용

하고 있는지다. 이는 전 소유주만이 정확히 알 수 밖에 없다. 전 소유주가 호수마다 손님이 누구인지 알려주지 않으면 일일이 인도명령을 받아 집행하기도 만만치 않다. 따라서 낙찰 받은 모텔의 객실이 많고 각 객실마다 다른 사람이 살고 있는 것으로 보여 인도 받기가 쉽지 않을 것으로 예상된다면, 전 소유자와의 합의를 통해 영업자 지위 승계에 관한 서류 일체와 모텔 건물의 인도를 받는 것이 나을 수 있다.

모텔의 내부 비품침대, CCTV, 화장대, 옷장, 전화기, 의자, 정수기 등은 경매로 소유권을 취득하지 못하더라도 영업자 지위를 승계 받는 데에는 문제될 여지가 적다. 공중위생업자의 지위 승계 규정을 두고 있는 것은 종전의 숙박업자가 이미 공중위생관리리법상 숙박업 신고기준에 적합한 시설과 일정한 서류를 갖춰 숙박업의 신고를 마친 것으로, 종전의 숙박업자로부터 숙박업을 위한 건축물 인수인이 별도의 신고 없이 숙박업자로서의 지위를 인정해주려는데 그 취지가 있기 때문이다.

식품위생법상 유흥주점에 관련한 판결 또는 공중위생관리법상 숙박업과 관련한 판결들을 종합해보면 영업자 지위승계의 조건인 '영업시설의 전부를 인수한 자'의 의미에 대해 법원은 기존 영업

시설 전부가 아니더라도 영업하는 데 필요한 '기본적인 시설'이면 가능하다고 본다. 대체적으로 법원은 관련 법령에서 요구하는 영업 시설이 무엇인지를 구체적으로 살펴 건물낙찰을 통해 기본시설을 함께 인수한 것으로 보이면 영업 승계가 가능하다고 보는 편이다.

 고수의 팁

기존 건물주가 아닌 임차인의 영업주 지위도 승계될까?

필자가 영업주 지위 승계와 관련해 많이 받는 질문이 있다. 기존에 영업하던 사람이 전 건물주가 아니라 임차인일 때도 낙찰로 기본 시설 소유권을 취득하면 임차인의 영업주 지위가 함께 승계될 수 있겠냐하는 문제다.

이와 관련해 어느 지방 고등 법원은 임차인이 상가임대차보호법상의 대항력 있는 임차인이거나 전세권자로 낙찰자에게 자신의 임차권을 별도로 주장할 수 있는 사람이 아닌 이상 영업허가권 역시 낙찰자인 제3자에게 이전한다고 보았다.

즉, 대항력 없는 임차인이 전 영업주였다면 낙찰자에게 영업주 지위가 법에서 정하는 한 자동으로 승계된다고 할 것이고, 대항력이 있는 임차인 또는 낙찰자에게 전세권을 주장할 수 있는 임차인이라면 영업주 지위가 자동으로 승계되지 않을 여지가 있다.

CHAPTER
5

낙찰 후 갑작스런 소유자의 개인회생신청

원하던 경매 물건을 낙찰 받은 기쁨도 잠시 경매 절차가 갑작스레 정지되는 때가 있다. 입찰보증금이 묶이고 대금 납부기일도 잡히지 않으니 낙찰자는 애가 탄다.

대표적인 정지 사유 중 하나가 소유자전 집주인의 갑작스러운 개인회생 신청이다. 개인채무자를 위한 개인회생 절차 개시의 결정이 있을 때에는 강제집행예: 부동산 경매의 개시를 할 수 없고, 이미 진행되고 있는 경매 절차는 중지된다. 다만, 개인회생을 신청한 소유자의 재산에 존재하는 유치권, 저당권, 전세권 등을 가진 사람은 별제권이 있어 다르게 취급되는데, 별제권이 있는 사람은 굳이 개인회생 절차상 돈을 받아 갈 필요가 없다. 별제권이 있는 돈 빌려준 사람은 개인회생 절차가 아니라 알아서 강제집행으로 채무자의 재산상 자신이 빌려준 돈을 먼저 회수해 갈 수 있다.

그럼에도 개인회생 절차상 변제계획의 인가 결정일 또는 개인회생 절차 폐지 결정의 확정일 중 먼저 도래하는 날까지 개인회생재단에 속하는 재산에 대한 담보권의 실행 등을 위한 경매_{임의경매}는 중지될 수 있다. 변제계획인가 결정 또는 개인회생 절차 폐지 결정이 있으면 다시 진행한다. 즉, 개인회생 절차 내에서는 별제권자의 경매_{임의경매}를 임시적으로 중지시킬 수는 있지만, 특정 시점 이후에는 별제권자가 담보권 실행 경매를 얼마든지 다시 진행할 수 있으므로 임의경매를 원천적으로 막을 수는 없다.

실무에서는 최고가매수신고인에 대한 매각허가결정 전 갑작스럽게 개인회생 절차의 개시결정이 있을 때 경매법원에서 매수신고인에게 입찰보증금을 돌려받고 싶다면 매각불허가 신청 또는 매각허가에 대한 이의 신청을 하라는 취지의 내용을 전달하기도 한다. 강제집행_{경매}을 계속 진행할 수 없을 때에 해당하므로 이의 사유가 된다.

매각허가결정 확정 후 매각 대금 납부 전까지 중지 명령이 제출된 때에는 매수인은 매각허가 결정의 취소 신청을 하여 입찰 보증금을 돌려받을 수 있다. 그러나 시간이 오래 걸리고 입찰 보증금도 묶인다는 두려움으로 무조건 매각허가를 취소 또는 불허가 받는 것이 능사는 아니다. 일정 시점에는 임의경매 절차는 다시 진행될 터이니 낙찰 받은 부동산의 가치 상승이 예견된다면 매각허가를 구해 경매 절차가 다시 진행되는 것을 기다려보는 것도 나쁘지 않다.

입찰보증금만으로 부동산을 찜해 두었다가 짧으면 몇 개월, 길게는 1~2년 뒤 경매 절차가 진행되어 대금 납부 시점에 부동산 시가 상승이 이뤄지면 적은 돈으로 훌륭한 투자 성과를 낼 수도 있다.

CHAPTER
6

공짜로 대지권 취득하는 때

왜 대지권이 미등기된 걸까?

하나의 건물에 구조상 독립한 건물로 사용될 수 있는 여러 개의 건물이 있고 세대_{전유부분}마다 소유자를 달리하는 건축물을 '집합건물'이라 표현한다. 흔히 볼 수 있는 예로 아파트, 빌라, 구분상가가 있다. 이러한 집합건물이 경매에 나와 응찰하려 할 때 신경 써서 봐야 하는 부분은 '대지권 등기'가 잘 되어 있는지이다. 대지권 등기가 되어 있지 않을 때 법원은 매각물건명세서 비고란에 대지권 미등기 물건이라는 사정을 기재해준다.

대지권대지 사용권을 이해하려면 건물과 건물이 밟고 있는 땅의 소유자가 다를 수 있다는 점부터 알아야 한다. 우리 민법 체계에서는 건물과 대지의 소유권자가 따로 존재할 수 있다. 건물이 하늘에 떠 있을 수는 없으니 반드시 땅을 밟고 있어야 한다. 건물 소유자가 땅을 사용할 수 있는 적법한 권리가 없다면 땅 소유자는 건물 소유자에게 건물을 철거하고, 토지를 인도하며 토지 인도 시까지 발생하는 차임을 달라고 요구할 수 있다. 땅과 건물의 소유자가 다를 때, 건물 소유자가 땅을 쓸 수 있는 권리로는 임차권, 지상권을 예로 들 수 있다.

집합건물은 전체 세대의 소유자가 땅을 공유하는 형태다. 엄밀히 지상 건물의 전유부분마다 달리 독립한 소유권이 인정되는 것과 소유형태가 다르다. 따라서 건물이 집합건물에 해당한다면 구분 세대마다 대지사용권이 있어야 한다. 집합건물법집합건물의소유및관리에관한법률에 따르면 특정 호수에 대한 소유권과 대지사용권이 분리돼서 다른 사람에게 속하기란 쉽지 않다. 몇몇 예외적인 상황에서 대지권과 전유부분의 소유권이 별도로 팔릴 수도 있지만, 대단지의 브랜드 아파트에서 이런 상황을 만나기란 필자 경험상 쉽지 않다.

대지권이 미등기된 사유는 크게 대지 지적정리 등이 지연되어 전체 아파트 세대의 대지권 등기가 미뤄진 때 또는 아파트 수분양자_{분양계약을 체결한 당사자}가 대지지분에 대한 분양대금을 완납하지 않은 때도 있다. 후자라면, 낙찰자가 대지권 등기를 하기 위해서 미납된 분양대금을 추가로 내야 할 수도 있으니, 대지권 미등기 물건이라면 반드시 분양자_{시행사 또는 시공사}측에 해당 호수에 대한 미납 분양대금이 있는지 확인해 볼 필요가 있다.

대지권 미등기된 아파트는 소유자가 직접 거주하는 데 크게 지장은 없다. 그러나 아파트를 담보로 하는 은행 대출이 어려울 수 있고, 매매나 임대차 계약 체결에도 다소 지장이 있을 수 있다.

미납 분양대금이 있음에도 대지권 등기를 할 수 있는 때

대지권 미등기 건물에 대해서 경매법원이 시행사_{또는 시공사, 분양회사}측에 미납 분양대금이 있는지 따로 확인해보는 사례도 드물게 있다. 아니면 그 전에 시행사측이 못 받은 분양대금이 남아 있다며 구체적인 액수를 알리는 문서를 제출하는 때도 있는데 어떤 상황이든지 경매법원은 매각물건명세서 비고란에 미납 분양대금의 액수를 기재해주곤 한다. 그러나 경매 법원이 대지권 미등기 물건에 대해서 미납 분양대금을 확인해야 할 법적인 의무가 있는 것은 아니므로 단순히 대지권 미등기 물건이라는 사정만 고지해줄 때도 있다. 미납 분양대금을 처리해야 대지권 등기가 되는 때, 낙찰자는 응찰 시부터 입찰가액에 미납 분양대금을 반영해야 한다. 그런데 미납 분양대금을 지급해야 하는 줄 알고 대지권 미등기 물건을 낙찰 받았는데 막상 따져보니 분양대금 지급 없이도 대지권 등기를 가져올 수 있는 사례도 드물게 있다.

여러 상황이 존재할 수 있지만, 비교적 여러 사업장에서 발견된 사유는 바로 분양대금채권의 소멸시효기간이 이미 도과한 경우다. 아파트 분양대금채권은 상사채권으로 5년의 소멸시효가 보통 적용된다. 따라서 분양회사가 받지 못한 분양대금이 있고 시일이 5년 이상 되었을 때 시효가 중단되도록 조치를 취해둬야 한다. 그러나 대규모 아파트 분양사업에서 분양대금을 내지 못한 수분양자가 많을 때 분양회사가 수분양자에 대한 소멸시효 중단 조치를 꼼꼼히 해두지 못하는 때가 있다.

만일, 낙찰 받은 대지권 미등기 물건에 분양대금 미납금이 있다는 분양회사의 주장이 있다 하더라도, 수분양자와 분양회사간

계약상 분양대금 지급시한으로부터 5년이 훌쩍 넘은 상태라면 미납 분양대금의 소멸시효기간이 이미 완성되었는지를 따져볼 필요가 있다. 일부 하급심 법원에서는 아파트 낙찰자가 수분양자나 주장할 수 있는 분양대금 소멸시효 완성을 대신 주장할 수 없다는 판결을 하기도 했다. 그러나 최근 대법원 판례는 낙찰자도 소멸시효를 대신하여 주장원용할 수 있다는 판결을 내렸다.

분양회사로서는 소멸시효 완성으로 분양대금청구권이 사라졌기에 전유부분을 낙찰 받은 사람에게 대지권 등기를 해줄 의무만 남게 된다.

아파트 낙찰자가 분양대금 소멸시효 완성을 주장할 수 있다고 본 판결

대법원 2023. 9. 21. 선고 2022다270613 판결 [대지권이전등기절차이행]

상고이유를 판단한다.

1. 관련 법리
집합건물의 분양자가 수분양자에게 대지지분에 관한 소유권이전등기는 지적정리 후해 주기로 하고 우선 전유부분에 관하여만 소유권이전등기를 마쳐 주었는데, 그 후 대지지분에 관한 소유권이전등기가 되지 아니한 상태에서 전유부분에 대한 경매절차가 진행되어 제3자가 전유부분을 매수한 경우, 그 매수인은 「집합건물의 소유 및 관리에 관한 법률」(이하 '집합건물법'이라 한다) 제2조 제6호의 대지사용권을 취득한다. 수분양자가 분양자에게 그 분양대금을 완납한 경우는 물론 그 분양대금을 완납하지 못한 경우에도 마찬가지이다. 따라서 매수인은 대지사용권 취득의 효과로서 수분양자를 순차 대위하여 또는 직접 분양자를 상대로 대지지분에 관한 소유권이전등기절차를 마쳐줄 것을 구할 수 있고, **분양자는 이에 대하여 수분양자의 분양대금 미지급을 이유로 한 동시이행항변을 할 수 있다**(대법원 2006. 9. 22. 선고 2004다58611 판결, 대법원 2008. 9. 11. 선고 2007다45777 판결 등 참조).

한편, 채무의 소멸시효가 완성된 경우 이를 주장할 수 있는 사람은 시효로 채무가 소멸되는 결과 직접적인 이익을 받는 사람에 한정된다(대법원 2021. 2. 25. 선고 2016다232597 판결 등 참조).

2. 원심의 판단

원심은, 원고가 이 사건 경매절차를 통해 이 사건 아파트를 매수함으로써 수분양자의 분양대금 완납 여부와 관계없이 집합건물법 제20조 제1항에 따라 그 전유부분과 함께 대지사용권을 취득하였으므로 분양자인 피고에 대하여 부동산등기법 제60조 제1항에 따라 이 사건 아파트의 대지지분에 관한 이전등기를 구할 수 있고, **이에 대하여 피고는 원고에게 수분양자의 분양대금 미지급을 이유로 한 동시이행항변을 할 수 있다고 판단하였다.**

나아가 원심은, 피고의 분양대금채권이 시효로 소멸하였다는 원고의 재항변에 대하여 원고의 이 사건 아파트에 관한 대지권은 수분양자의 분양잔대금 채무가 소멸되었는지 여부에 의하여 영향을 받지 않고, 대지권을 취득한 원고는 언제든지 부동산등기법에 따라 그 이전등기청구를 할 수 있으며, 원고가 수분양자에 대해서 금전채권을 가지고 있는 것은 아니고 피고의 채권이 소멸하면 그와 같은 이익의 상실을 면하는 지위에 있다고 볼 수도 없다는 이유로, 원고는 피고의 채권 소멸에 의하여 직접 이익을 받는 자에 해당한다고 볼 수 없어 그 소멸시효를 원용할 수 없다고 판단하였다.

3. 대법원의 판단
그러나 원심의 판단은 다음과 같은 이유로 받아들이기 어렵다.

가. 원고가 취득한 이 사건 아파트에 관한 대지사용권은 원래 피고와 수분양자 사이에 체결된 이 사건 분양계약의 효력에 따라 발생한 것으로, 원고는 이 사건 아파트의 전유부분을 취득하면서 집합건물법 제20조 제1항에 따라 위 대지사용권도 함께 취득한 것이다. 따라서 앞서 본 것처럼 **피고가 원고에 대하여도 위 분양계약에 따른 분양대금의 미지급을 이유로 동시이행의 항변을 할 수 있다면, 그 분양대금채권의 소멸 여부는 대지사용권에 결부된 동시이행의 부담을 면할 수 있는 원고에게도 직접 영향을 미친다고 보아야 한다.**

나. 결국 원고는 피고의 채권이 시효로 소멸되는 결과 직접적인 이익을 받는 사람에 해당한다고 볼 수 있으므로, 원고는 피고의 수분양자에 대한 분양대금채권의 시효소멸을 원용할 수 있다.

다. 그럼에도 원심이 그 판시와 같은 이유로 원고가 피고의 채권에 관한 시효소멸을 원용할 수 없다고 판단한 것은 소멸시효 원용권자의 범위에 관한 법리를 오해하여 판결에 영향을 미친 잘못이 있다.

4. 결론
그러므로 나머지 상고이유에 관한 판단을 생략한 채 원심판결을 파기하고, 사건을 다시 심리·판단하도록 원심법원에 환송하기로 하여, 관여 대법관의 일치된 의견으로 주문과 같이 판결한다.

CHAPTER
7

보증금 떠안지 않는 임차인 있는 물건 찾기

보증금을 떠안지 않고 수익 내는 사람들

경매물건에 대항력이 있는 임차인이 확인된다면 낙찰자는 임차인이 경매 절차상 보증금을 받지 못하는 이상 남은 보증금을 인수할 것을 각오해야 한다. 인수할 보증금을 시세에서 제하고 입찰가를 산정해 낙찰 받았는데 보증금을 한 푼도 떠안지 않게 된다면 어떨까? 부동산 상승장이라면 시세 차익은 물론 거액의 보증금만큼 이익을 얻게 된다.

임대차보증금 진짜 주고받았나?

임대인과 임차인이 특수한 관계에 있다고 해서 임대차 계약이 성립할 수 없는 건 아니다. 다만, 가족관계라거나 직장동료 등 평상시 알고 지낸 사이라고 한다면 실제로 보증금을 주고받을 사이인지에 대해서 의심해볼 수 있다.

경매기록을 열람해보았더니 임대차 계약서가 중개사 관여 없이 '쌍방 합의'로 되어 있다면 다소 독특하다고 볼만하다. 전세보증금이 거액이라면 더더욱 공인중개사 관여 없이 작성된 임대차 계약서는 찾아보기 힘들다. 당사자가 허위로 만든 계약서일 가능성이 있다.

임대인과 임차인이 서로 어떤 관계인지는 보통 발품을 팔아야 알 수 있는 정보다. 임대인과 친밀한 관계에 있는 임차인이 낙찰자에게 대항력을 행사해 소송을 진행해보면 임대차보증금을 주고받은 사실에 대해 제대로 입증하지 못해 대항력을 인정받지 못하는 경우가 많다. 전 소유자에게 주지도 않은 임대차보증금을 새로운 집주인에게 달라고 할 수는 없기 때문이다.

> **고수의 팁** — 집주인과 형제·자매인 임차인, 소송의 난도는?

특수물건 투자를 희망하는 독자들이 필자에게 경매 입찰 상담을 한다. 필자는 다년간의 경험으로 승소 포인트와 독자가 놓치고 있는 패소 포인트를 말해준다. 경매로 나온 어떤 주택에 임차인으로 기재된 사람이 있고 전입신고가 말소기준 권리보다 앞선다. 임장하여 이 물건을 조사해보니 임차인이 집주인과 형제·자매 등 가족관계라는 것이 밝혀졌다. 이 물건 해결 난도가 궁금하다.

집주인이 동생, 임차인을 형이라 해보자. 임차인이라 주장하는 형이 말하는 내용은 사건은 다양해도 대략 비슷하다. 동생이 집을 살 때, 형이 매매대금 중 상당액을 대여하였고, 대여금을 임대차보증금으로 하여 동생과 임대차계약을 체결하였다던가, 집을 살 때는 아니지만 그 전에 이미 동생에게 많은 돈을 빌려줬다는 것이다. 이런 사건에서 낙찰자에게 예측불허의 지점은 바로 전 집주인과 임차인이 매우 친밀하고 모의가 비교적 쉬운 가족이라는 점이다. 낙찰자가 가족간 임대차 계약이 제대로 체결되어 임대차 보증금이 실제로 지급되었을리 없다고 지적해 형은 진정한 임차인이 아니라고 주장하면, 어제 작성했는지, 수년 전에 작성했는지 알 길 없는 집주인과 임차인 간의 여러 문서가 마구 튀어나온다. 대부분 낙찰자에게 불리한 문서들이다.

아무리 가족이라 해도 시간을 거슬러 꾸며낼 수 없는 내용은 특정 시점의 계좌이체 내역이다. 임대차보증금으로 하기로 했다는 특정 금전이 말소기준 권리가 이미 발생한 뒤에 지급되었다면 임대차계약서는 허위고 대항력도 말소기준 권리 이후에 발생한 것이라고 주장하며, 대항력 행사가 어렵다고 지적해볼 수 있다.

가족 간에 임대차 계약을 체결했다면 일단 의심스러운 것은 인지상정이다. 그러나 인도명령이나 소송에서 임차인이 가족이 전 소유자(임대인)와 이런저런 문서를 얼마든지 만들어낼 수 있다는 점도 잊지 말아야 한다.

임대차 계약을 할 수 없는 임대인

꼭 등기사항증명서상 소유자만이 임대인이 될 수 있는 건 아니다. 임대인으로부터 권한을 부여 받은 사람도 임대차 계약상 임대인이 될 수 있다. 이론적으로는 가능한 이야기이지만 필자가 실무를 하면서 등기사항증명서상 소유자 아닌 제3자가 임대차 계약상 임대인이 된 것은 유치권자와 관련된 사건이 아닌 한 잘 보지 못했다.

 고수의 팁 — '전(前)' 집주인, 자기 부동산이니 안전하다고 말한다면?

의뢰인 B씨가 필자를 찾아왔다. 자신이 임대차보증금을 떼인 것 같다며 되찾을 방법이 무엇이 있겠는지 물었다. 이야기를 들어보니, 임대인 S는 강서구의 한 역세권 원룸 건물을 통으로 소유한 사람이었다. 건물의 원룸은 족히 30채가 넘었다.

B씨는 인터넷 카페를 통해 직거래로 원룸을 얻었다. 1억 1천만 원이나 되는 보증금을 대부분 부모님의 도움으로 마련해 집주인에게 지급했다. 임대차 계약이 끝날 때쯤 다른 지역으로 이사해야 하는 상황이어서, B씨는 직접 새 임차인을 구하기 위해 직거래 사이트에 매물을 내놨고, 얼마 지나지 않아 새 임차인을 구해 집주인에게 소개해주었다.

B씨는 새 임차인이 계약금을 지급한 날 보증금 중 일부인 2천만 원을 돌려받았고, 이삿날이 다가와 새로운 임차인이 지급한 나머지 잔금을 보증금으로 돌려받기를 기대하고 있었다. 그러나 웬일인지 집주인은 9천만 원의 보증

금을 돌려주지 않았다. 당황한 의뢰인이 새로운 임차인에게 연락했고, 새로운 임차인은 9천만 원을 분명 집주인에게 지급했다고 말했다. 보증금을 돌려받지 못한 B씨는 짐을 빼지 못한 채 계속 머물렀고, 6개월이 흐른 뒤에도 집주인은 조금만 기다려달라는 말을 반복할 뿐 보증금을 돌려주지 않았다.

보증금을 모두 지급한 새 임차인은 오갈 데 없이 짐을 일부 B씨의 방에 들여놓고 다른 곳에서 머무를 수밖에 없었다. B씨는 부모님의 돈으로 마련한 보증금을 돌려받지 못하니 피가 마르고, 직거래 사이트를 통해 새 임차인에게 집을 소개했음에도 집을 넘겨주지 못하니 난처했다.

그런데 의뢰인이 살던 부동산은 등기사항증명서상 엄밀히 임대인 S 소유가 아니었다. 소유자라고 주장하는 임대인 S는 ○○새마을금고에서 돈을 빌리고 원룸 건물 전체 세대를 한꺼번에 담보로 맡겼다. 담보로 내준 방식은 원룸 전체 호수의 소유권이전등기를 신탁회사에 넘기는 형태였다. 실무상 금융기관은 대출하면서 크게 두 가지 방식으로 담보를 취득할 수 있다. 하나는 등기부상 근저당권을 설정하는 방법이고, 다른 하나는 금융기관과 연계된 신탁회사에 고객이 소유권이전등기를 넘겨 신탁회사가 공매로 담보물을 처분하면 매매대금의 일부를 우선적으로 대출금 회수에 충당하도록 우선수익자 지위를 얻는 것이다. 후자를 '담보신탁'이라고 부른다.

근저당권 설정 시 채무자가 돈을 갚지 않으면 법원에 경매를 신청해 배당받아야 하지만, 담보신탁을 하게 되면 신탁회사가 개별적으로 진행하는 공개 매각 절차(신탁사 공매)를 통해 담보물을 팔아 대출금을 회수할 수 있다. 등기사항증명서상 '신탁'이 등기 원인으로 소유권이 이전되면 신탁법상 대내외적으로 유일한 소유자는 신탁회사뿐이다. 돈을 빌린 전 집주인은 명의만 신탁회사에 가 있다고 생각할지 모르지만, 법적인 소유자는 오로지 신탁회사이다. 신탁을 원인으로 소유권이 이전된 부동산은, 등기소에 직접 가면 '신탁원부'를 떼어 우선수익자, 위탁자, 수탁자가 누군지 확인해 볼 수 있다. 담보신탁계약을 어떤 내용으로 체결하느냐에 따라 달라질 수 있지만, 보통은 돈을 빌린 고객(전 소유자, 위탁자)이 부동산을 점유하며 관리하도록 한다.

다시, 사연으로 돌아와 볼까? B씨는 이미 신탁을 원인으로 신탁회사에 소유권이 넘어간 원룸 물건에 전 소유자인 임대인과 임대차 계약을 체결하였다. 임대차 계약상 임대인도 신탁회사가 아니라 임대인이었다.

임대인 S는 B씨에게 임대하려고 신탁회사의 동의서를 받았다. 그러나 신탁회사의 동의서에는 임대차 계약 체결에는 동의하지만, B가 소유자인 신탁회사에 임대차보증금을 돌려달라고 할 수 없다는 취지가 굵은 글씨로 기재되어 있었다. 필자에게 찾아왔을 당시 B씨가 살던 부동산은 여전히 신탁회사 소유였다. 임대인 S를 상대로 보증금반환 판결을 받더라도 의뢰인은 보증금을 돌려줄 의무가 없는 신탁회사 소유 부동산을 경매에 넣을 수도 없었다.

임대인 S의 또 다른 집이 확인되어 부동산 가압류를 했다. 그 직후 임대인 S에게 보증금과 지연이자를 지급하라는 지급명령을 받아뒀다. 임차권 등기를 해두고 B씨가 이삿짐을 완전히 빼 지급명령에 따른 연 12% 이자는 계속해 불어났다. 이자가 늘고 있음은 물론 임대인 S 본인이 사는 집에 가압류가 되어 있어 부담을 느꼈는지 5개월 뒤쯤 B씨는 집주인으로부터 못 받은 돈 9천만 원 중 7천만 원을 돌려받을 수 있었다.

보통의 상황이라면 나머지 2천만 원은 세를 들어 살았던 원룸이 제3자에게 팔린 이후, 대항력을 행사해서 받아내면 된다. 그러나 최근 대법원 2022. 2. 17. 선고 2019다300095, 300101 판결에 따르면, 거의 유사한 상황(등기상 소유자인 신탁회사는 보증금 반환에 책임 없다며 임대차 계약에 동의서를 써준 사례)에서 대법원은 등기사항증명서상 소유자인 신탁회사에 보증금 반환 의무가 없었고, 신탁회사의 소유권을 이전받은 제3자는 신탁회사에 없는 의무가 갑자기 인수할 리도 없으므로, 임차인은 제3자에게 대항력을 행사할 수 없다고 보았다. 담보신탁으로 돈을 빌린 집주인이라고 주장하는 사람과 신탁회사 동의를 받아 임대차 계약을 체결하는 사례는 흔하다. 위 판결에 따르면, 동의서 및 신탁원부에 신탁회사(수탁자)가 임대차보증금 반환 의무가 없다는 내용이 기재되어 있는 이상 신탁회사로부터 소유권을 이전 받은 사람에게도 임대차보증금 반환 의무는 발생하지 않는다. 임대차 계약이 등기상 신탁회사

소유일 때 체결된 사례로, **신탁회사 소유권 취득 전에 임대차 계약을 한 임차인 사례와는 구분**해야 한다.

> **담보신탁된 부동산에 대한 임차인의
> 대항력이 부정된 판결**
>
> **대법원 2022. 2. 17. 선고 2019다300095, 300101 판결**
>
> 위탁자인 갑 주식회사와 수탁자인 을 신탁회사가 체결한 오피스텔에 관한 부동산담보신탁계약에는 '위탁자는 수탁자의 사전 승낙을 받아 위탁자의 명의로 신탁부동산을 임대한다.'는 조항이 있어 그 내용이 신탁원부에 기재되었고, 신탁을 원인으로 을 회사 명의의 소유권이전등기가 마쳐진 후 을 회사가 우선수익자로부터 '갑 회사의 임대차계약 체결에 동의하되, 수탁자는 보증금 반환에 책임이 없다.'는 취지의 동의서를 작성·교부받아 이를 갑 회사에 교부하자, 갑 회사가 병과 임대차계약을 체결한 후 오피스텔을 인도하여 병이 그때부터 오피스텔에 거주하면서 주민등록을 이전하고 확정일자를 받았는데, 그 후 오피스텔을 공매로 취득한 정이 병을 상대로 건물명도를 구하는 소를 제기하자, 병이 반소로 정에게 보증금반환을 구한 사안에서, 신탁계약에서 수탁자의 사전 승낙 아래 위탁자 명의로 신탁부동산을 임대하도록 약정하였으므로 임대차보증금 반환채무는 위탁자에게 있고, 이러한 약정이 신탁원부에 기재되어 임차인에게도 대항할 수 있으므로, 임차인인 병은 임대인인 갑 회사를 상대로 임대차보증금의 반환을 구할 수 있을 뿐 수탁자인 을 회사를 상대로 임대차보증금의 반환을 구할 수 없고, 을 회사가 임대차보증금 반환의무를 부담하는 임대인의 지위에 있지 아니한 이상 그로부터 오피스텔의 소유권을 취득한 정이 주택임대차보호법 제3조 제4항에 따라 임대인의 지위를 승계하여 임대차보증금 반환의무를 부담한다고 볼 수도 없다고 한 사례

망하기 직전 집주인

임차인의 대항력 취득 직후 갑작스레 임대인의 경제 상황이 극도로 나빠졌다는 것을 등기사항증명서상 갑구나 을구를 통해 확인할 수 있다. 국가나 지방자치단체의 압류는 물론, 여러 채권자의 가압류, 대부업체의 근저당권 설정은 집주인이 경제적인 코너에 내몰렸다는 것을 암시한다. 그런데도 그 직전에 임차인이 상당한 금액의 보증금을 주고 임대차 계약을 체결해 대항력을 취득했다면 의심해볼 수 있는 부분이 있다.

집주인이 대항력 있는 임차인을 만들어내어 경매에 넘어가더라도 유찰되도록 해 싼값에 지인을 통해 집을 되사거나, 가짜 계약서를 통해 새 집주인에게 대항력 행사를 하면서 돈을 일부라도 건져볼 요량이었을 수 있다. 형사상 경매입찰방해죄 등이 문제될 수도 있지만 당장 오갈 때 없고 경매에 넘어간 집이 전 재산인 집주인은 그렇게 해서라도 집을 보전하고 싶을 수 있다. 따라서 임대차 계약 체결 및 대항요건 취득 직후 집주인의 자력을 의심할 만한 객관적인 사정들이 눈에 띄는지, 그래서 허위의 임대차 계약을 만들어낼 만한 상황에 부닥쳤던 것은 아닌지도 확인해볼 필요가 있다.

이상한 임대차보증금

① 적정 보증금인가?

선순위 임차인이 요구하는 보증금이 KB시세 및 국토교통부 실거래가 사이트에서 확인되는 임대차보증금에 비추어 적정한지 한번 살펴볼 필요가 있다. 물론, 임대차 계약상 임대인과 임차인이 서로 합의한 보증금이라면 많든 적든 상관없이 유효한 보증금으로 새 집주인이 인수해야 한다. 그러나 진정한 임차인이라면 보통은 시세에 부합하는 적정한 보증금을 정하여 지급한다. 시세에 부합하는 보증금인지를 확인해야 하는 이유이다.

② 보증금으로 둔갑한 수상한 돈

임차인이 임대인과 다른 채권·채무 관계에 있었던 것은 아닌지도 조사해볼 필요가 있다. 예를 들어 갑돌이가 공사업자 을순이와 공사계약을 체결했고, 공사를 완공한 을순이가 갑돌이에게 1억 원을 청구한다고 해보자.

갑돌이가 당장 현금을 줄 형편이 되지 않고 을순이도 새로운 임대차 계약이 필요한 시점이어서 갑돌이가 을순이에게 공사대금을 임대차보증금으로 해 자기 집에 임대차 계약을 체결한다. 이

때, 을순이가 임대차 계약을 체결해 실제로 갑돌이의 집에 가족과 함께 들어가 거주했다면 갑돌이는 진정한 임차인으로 인정될 가능성이 크다.

필자가 진행한 여러 소송상, 임대차 계약을 체결하는 목적이 부동산에 거주하는 데 의미가 있어 실제로 임차인이 부동산에서 오랜 시간 살았다면 임대인에게 따로 받아야 할 돈을 보증금으로 했더라도 대항력 행사가 가능하다는 취지의 판결이 났다.

반면, 을순이가 갑돌이의 집 키를 건네받기는 하였지만 들어가 살지도 않으면서 오로지 향후 주택임대차보호법상 대항력이나 우선변제권최우선변제권을 행사해 자신의 공사대금을 다른 사람보다 먼저 받아 갈 목적으로 임대차 계약을 한 것이라면 을순이는 진정한 임차인으로서의 보호받지 못할 가능성이 크다.

③ 보증금을 일부 돌려받은 임차인

임차인이 오랜 시간 임대인으로부터 보증금을 돌려받지 못해 대항력을 행사하는 때도 있다. 임대차 계약 기간은 이미 한참 전에 종료했지만 임대인이 보증금을 돌려주지 않으니 임차인도 어쩔 수 없이 계속해 임대차 목적물에 거주한 것이다. 그 와중에 임차인이 보증금 일부를 이미 돌려받은 상태에서 거주하는 때도 있었다. 예를 들어, 보증금이 4억 원인데 이미 3억 원을 돌려받은 상태에서 나머지 1억 원을 받기 위해 거주하는 것이다. 임차인으로서는 나머지 1억 원을 제때 받지 못한 상태이므로 1억 원에 대한 시중 대출이자 정도를 손해 본다고 할 수 있다.

다만, 이때는 집주인임대인에게도 손해가 있다고 법적으로 평가할 수 있다. 원래는 4억 원을 받고 임대를 내줘야 하는 상황임에도 임차인이 1억 원만 내고 세를 살고 있으니 보증금 중 3억 원에 대해서는 임차인이 부당하게 이득을 취하고 있다고 지적하는 것이다.

그렇다면 이때는 임차인이 돌려받지 못한 보증금과 그에 대한 시중 이자를 합한 금액에서 임차인이 취하고 있는 부당 이득예; 잔존 보증금 기준 적정 월세을 뺀 나머지만 낙찰자가 인수한다고 주장해 볼 수 있다.

> **보증금 일부를 받은 임차인의 부당이득을 인정한 판결**
>
> 대법원 1998. 7. 10. 선고 98다15545 판결 [건물철거등]
>
> [3] 주택임대차보호법상의 대항력과 우선변제권을 겸유하고 있는 임차인이 배당요구를 하였으나 보증금 전액을 배당받지 못하였다면 임차인은 임차보증금 중 배당받지 못한 금액을 반환받을 때까지 그 부분에 관하여는 임대차관계의 존속을 주장할 수 있으나 그 나머지 보증금 부분에 대하여는 이를 주장할 수 없으므로, 임차인이 그의 배당요구로 임대차계약이 해지되어 종료된 다음에도 계쟁 임대 부분 전부를 사용·수익하고 있어 그로 인한 실질적 이익을 얻고 있다면 그 임대 부분의 적정한 임료 상당액 중 임대차관계가 존속되는 것으로 보는 배당받지 못한 금액에 해당하는 부분을 제외한 나머지 보증금에 해당하는 부분에 대하여는 부당이득을 얻고 있다고 할 것이어서 이를 반환하여야 한다.

무상거주확인서를 써 준 임차인

집에 선순위 임차인이 있는 이상 웬만한 시중은행은 집을 담보로 대출하지 않는다. 급전이 필요한 집주인은 임차인에게 부탁하여 시중은행에서 대출받을 수 있도록 협조해달라고 하기도 한다. '이 집에는 대출 은행보다 앞서 임대차보증금을 받아 갈 사람이 없다.'라고 각서를 쓰는 것이다.

필자가 실무를 하면서 확인했던 무상거주_임대차_확인서는 서류명이 약간씩 다를 때도 있지만 형식은 주로 임대인과 임차인 모두의 서명 또는 날인이 있는 형태였다. 임대인의 서명·날인만 있어서는 임차인의 의사가 반영되지 않았다고 보아 문제가 발생할 수 있다. 임차인 본인이 직접 '나는 이 집에서 돈 받을 게 없는, 무상으로 사는 사람'이라는 내용을 확인하는 서류에 자필 서명 또는 도장 날인이 있어야 한다.

이러한 서류를 받은 대출 은행으로서는 자신보다 순위가 앞서는 임차인이 없다고 믿고 부동산 가치를 정해 돈을 빌려준 뒤, 임대인 집을 담보로 대출을 진행한다. 근저당권을 설정하는 것이다. 문제없이 임대인이 돈을 잘 갚아 대출 은행의 근저당권이 지워지면 좋겠지만, 이런 물건들은 경매로 넘어가는 경우가 많다.

무상거주확인서를 쓴 임차인은 경매 절차에서 임대인과 정식 계약을 체결해 보증금을 지급했다며 권리 신고와 배당요구를 할 수 있다. 비록, 대출 은행에 공짜로 살고 있다는 거짓 각서를 써주었지만, 거액의 보증금을 임대인에게 줬고 돌려받아야 하는 상황이니, 자신의 권리를 행사하지 않을 수 없다. 예전 대법원 판례는 대출 은행에 무상거주확인서를 써줬더라도 경매 절차에서 진정한 임차인임을 적극적으로 밝혔다면 낙찰자에게 '대항력'을 행사할 수 있다고 했다.

그러나 무상거주확인서를 써준 것으로 알려진 임차인이 대항력을 행사할 수 있다면 경매 절차상 가장 억울할 이해관계인은 누구일까? 2억 5천만 원짜리 아파트에 임차인이 1억 5천만 원의 돌려받을 보증금이 있고 이를 새로운 매수인낙찰자이 인수한다고 해보자. 이 집에 대해 적정 입찰가는 얼마일까?

경매로 돈 벌 생각이라면 무조건 시세에서 인수하게 되는 보증금 1억 5천만 원을 제한 1억 원 이하로 입찰가를 쓰는 편이 맞을 것이다. 그런데 똑같은 상황에서 대항력 있는 임차인이 무상거주각서를 대출 은행에 제출해, 은행이 2억 원을 대출한 상태에서 1순위 근저당권을 설정하였다고 해보자. 응찰자들이 1억 5천만 원 보증금 인수를 고려해, 집을 1억 원에 매수하고자 한다면 은행이 2억 원 전액을 낙찰대금매각대금에서 회수하기란 불가능하다.

이처럼 임차인이 말을 바꾸어 권리를 적극적으로 행사하면서 무상임대차 확인서와 무관하게 낙찰자에게 대항력을 행사할 수 있다는 결론에 이르면 대출 은행은 아파트를 경매에 부치더라도 대출금을 받지 못해 예상치 못한 손해를 얻는다.

새롭게 바뀐 대법원 판례는 바로 이런 점에 주목하고 있다. 이에 더해 민사법의 대원칙 중 하나인 금반언의 원칙이 있다. '자기모순 금지 원칙'이라고도 한다. 앞에 한 행동과 뒤에 한 행동이 서로 달라서는 안 된다는 것이다. 금반언 원칙에 따르면 임차인은 은행에 돈을 주지 않고 살고 있다고 말했으니 경매 절차에서 다른 말을 해서는 안 된다.

경매 절차에서 임차인의 대항력·우선변제권 행사를 막기 위해 대출 은행이 무상거주확인 각서를 제출하기도 한다. 매각물건명세서의 비고란에 이런 사정이 기재된다. 이런 기재가 있으면 응찰자들이 임차인이 공짜로 살고 있어 자신들이 인수할 보증금이 없을 거란 신뢰를 갖게 된다. 응찰자의 신뢰 또한 보호할 필요가 있으므로, 이와 같은 기재를 보고 낙찰 받은 매수인에게 임차인은 결국 대항력 행사를 할 수 없게 된다.

무상임대차확인서와 임차인의 대항력에 대한 판결

대법원 2016. 12. 1. 선고 2016다228215 판결 [건물명도]

근저당권자가 담보로 제공된 건물에 대한 담보가치를 조사할 당시 대항력을 갖춘 임차인이 임대차 사실을 부인하고 건물에 관하여 임차인으로서의 권리를 주장하지 않겠다는 내용의 무상임대차 확인서를 작성해 주었고, <u>그 후 개시된 경매절차에 무상임대차 확인서가 제출되어 매수인이 확인서의 내용을 신뢰하여 매수신청금액을 결정하는 경우</u>와 같이, 임차인이 작성한 무상임대차 확인서에서 비롯된 매수인의 신뢰가 매각절차에 반영되었다고 볼 수 있는 사정이 존재하는 경우에는, 비록 매각물건명세서 등에 건물에 대항력 있는 임대차 관계가 존재한다는 취지로 기재되었더라도 <u>임차인이 제3자인 매수인의 건물인도청구에 대하여 대항력 있는 임대차를 주장하여 임차보증금반환과의 동시이행의 항변을 하는 것은 금반언 또는 신의성실의 원칙에 반하여 허용될 수 없다.</u>

    무상거주확인각서를 쓴 임차인이 확정일자를 받아두어 경매절차에서 보증금을 배당받기 위해 우선변제권을 행사할 때도 있다. 대출 은행이 각서를 경매 절차에 내놓지 않아 매각물건명세서에 기재가 없었던 사안이 있었다. 이러한 내막을 알 리 없는 응찰자는 임차인의 전입신고, 점유개시 시기, 확정일자를 모두 확인해 임차인이 보증금을 배당받아 자신이 인수할 보증금이 없거나 크지 않다고 예상한다.

낙찰대금을 모두 낸 낙찰자는 임차인이 별 탈 없이 보증금 전액을 받고 나갈 것이라고 기대했으나, 배당절차에서 대출 은행이 갑자기 임차인의 무상거주확인서를 제출하여 임차인이 보증금을 한 푼도 받지 못했다고 해보자. 대항력 행사가 가능했던 임차인으로서는 배당을 못 받게 됐으니, 갑작스레 낙찰자한테 보증금을 돌려달라고 주장한다. 낙찰자로서는 마른하늘에 날벼락 같은 소리이다.

시세 3억 원짜리 집에 1억 5천만 원의 보증금을 주장하는 임차인이 있지만 확정일자도 빠르고 배당요구도 잘해둔 것을 믿고 2억 8천만 원에 낙찰 받았는데, 갑자기 1억 5천만 원에 대한 대항력을 행사하면 낙찰자는 3억 원짜리 집을 4억 3천만 원에 산 꼴이 된다.

대법원은 이 경우에도 임차인이 갑작스레 낙찰자에게 대항력을 행사할 수 없다고 판단하였다.

배당요구 했으나 무상임대차확인서로 배당받지 못한 임차인에 대한 판결

대법원 2017. 4. 7. 선고 2016다248431 판결 [건물명도]

주택임대차보호법에 따른 주택임차인의 대항력 발생일과 임대차계약서상 확정일자가 모두 당해 주택에 관한 1순위 근저당권 설정일보다 앞서는 경우, 주택임차인은 특별한 사정이 없는 한 대항력뿐 아니라 1순위 근저당권자보다 선순위의 우선변제권도 가지므로, 그 주택에 관하여 개시된 경매절차에서 배당요구종기 이전에 배당요구를 하였다면 1순위 근저당권자보다 우선하는 배당순위를 가진다.

한편 집행법원은 부동산에 관한 경매절차에서 부동산의 표시, 부동산의 점유자와 점유의 권원, 점유할 수 있는 기간, 차임 또는 보증금에 관한 관계인의 진술 등의 사항을 적은 매각물건명세서를 작성한 다음 그 사본을 비치하여 누구든지 볼 수 있도록 하여야 한다(민사집행법 제105조). 이는 경매 대상 부동산의 현황과 권리관계를 되도록 정확히 파악하여 일반인에게 공시함으로써 매수희망자가 필요한 정보를 쉽게 얻을 수 있게 하여 예측하지 못한 손해를 입는 것을 방지하기 위한 것이다.

주택임차인이 주택에 관하여 개시된 경매절차에서 임차보증금 액수, 주택인도일, 주민등록일(전입신고일), 임대차계약서상 확정일자 등 대항력 및 우선변제권 관련 사항을 밝히고 권리신고 및 배당요구를 한 경우 그 내용은 매각물건명세서에 기재되어 공시되므로 매수희망자는 보통 이를 기초로 매각기일에서 신고할 매수가격을 정하게 된다.

따라서 주택 경매절차의 매수인이 권리신고 및 배당요구를 한 주택임차인의 배당순위가 1순위 근저당권자보다 우선한다고 신뢰하여 임차보증금 전액이 매각대금에서 배당되어 임차보증금반환채무를 인수하지 않는다는 전제 아래 매수가격을 정하여 낙찰을 받아 주택에 관한 소유권을 취득하였다면, 설령 주택임차인이 1순위 근저당권자에게 무상거주확인서를 작성해 준 사실이 있어 임차보증금을 배당받지 못하게 되었다고 하더라도, 그러한 사정을 들어 주택의 인도를 구하는 매수인에게 주택임대차보호법상 대항력을 주장하는 것은 신의칙에 위반되어 허용될 수 없다.

 주의

경매 절차에 안 나온 무상거주확인서

가끔은 대출 은행이 임차인의 무상거주확인서를 받아 놨음에도 경매 절차에 굳이 확인서를 제출하지 않을 때도 있다. 구체적 기준은 은행 내부 지침에 따르겠지만, 필자가 추정하기로는 부동산 시가가 많이 올라 임차인이 대항력 또는 우선변제권을 행사하더라도 대출금 회수에 지장이 없을 때다. 매각물건명세서에 무상거주확인서가 존재한다는 기재가 없다면, 응찰자가 임차인의 보증금이 없다는 사정에 신뢰를 얻었다고 주장하기는 어려울 것이다.

무상거주확인서가 존재한다는 사정이 발품을 통해 확인되었다 하더라도, 경매 절차에서 매각물건명세서 상 무상거주확인서가 있다는 사정이 기재되었거나 임차인이 우선변제권을 행사했는데 각서로 배당에서 배제된 사안이 아니라면, 낙찰자가 임차인의 대항력 행사를 문제 삼기 어렵다.

또 하나, 무상거주확인서를 정확히 누가 쓰고 서명 또는 날인 했는지도 확인할 필요가 있다. 가끔은 매각물건명세서에 '소유자'가 작성한 무상거주확인서가 있다는 내용이 기재되어 있다. 임차인 스스로 대출 은행에 무상으로 거주하고 있다는 사정을 알려야 한다. 임차인은 아무 말 없이 임대인만 임차인이 무상으로 거주하고 있다는 내용을 기재해주었다면, 임차인이 거짓

말을 하거나 말을 바꾸는 것은 아니다. 무상으로 거주하고 있다는 내용에 대해 '임차인'이 대출 은행에 말한 사정이 있는지 확인해야 한다.